Fazendo o Melhor depois de Decisões Erradas

Como deixar para trás os lamentos,
abraçar a graça e seguir adiante,
rumo a um futuro melhor

Erwin Lutzer

Fazendo o Melhor depois de Decisões Erradas

Erwin W. Lutzer

Traduzido por Marcelo S. Gonçalves

1ª Edição

CPAD

Rio de Janeiro

2014

Título do original em inglês: *Making the Best of a Bad Decision*
Tyndale House Publishers, Carol Stream, Illinois, EUA
Primeira edição em inglês: 2011
Tradução: Marcelo S. Gonçalves

Preparação dos originais: Elaine Arsenio
Capa: Fábio Longo
Projeto gráfico e editoração: Luiz Felipe Kessler

CDD: 248 - Vida Cristã
ISBN: 978-85-263-1151-0

As citações bíblicas foram extraídas da versão Almeida Revista e Corrigida, edição de 1995, da Sociedade Bíblica do Brasil, salvo indicação em contrário.

Para maiores informações sobre livros, revistas, periódicos e os últimos lançamentos da CPAD, visite nosso site: http://www.cpad.com.br

SAC — Serviço de Atendimento ao Cliente: 0800-021-7373

Casa Publicadora das Assembleias de Deus
Av. Brasil, 34.401, Bangu, Rio de Janeiro – RJ
CEP 21.852-002

1ª edição: Janeiro/2014
Tiragem: 3.000

Sumário

Sumário

Introdução

Então, Você Tomou uma Decisão Errada... Você está em boa companhia!

Pessoas inteligentes podem tomar decisões absurdas!

Todos conhecemos pessoas brilhantes que começaram em uma carreira e acabaram num beco sem saída, que se casaram com um cônjuge incompatível, ou que foram seduzidas por algum falso esquema de enriquecimento rápido. Todos já tomamos decisões que preferíamos esquecer, porém, às vezes, não conseguimos fazer isso em função das consequências geradas que continuam se acumulando.

O total da nossa vida é equivalente à soma das decisões que tomamos. O nosso caráter é revelado, principalmente, pelas decisões que tomamos e pelo impacto destas decisões sobre nós mesmos e sobre as outras pessoas. "Quem *somos*" determinará o que decidimos *fazer* — isto é, o nosso caráter ditará o tipo de decisão que tomamos.

Somos livres para fazer as nossas escolhas, mas não somos livres para escolher as consequências por elas geradas. E o que é ainda mais grave: uma decisão errada poderá resultar em uma dor de cabeça e em um arrependimento que poderão durar a vida toda. Um ato de imoralidade (um deslize na área sexual), um episódio de condução de um veículo em estado de embriaguez, um casamento apressado — estas e outras tantas decisões imbecis podem alterar a direção e a trajetória das nossas vidas para pior. E, depois de termos começado pelo caminho errado, pode ser difícil (e, às vezes, aparentemente impossível) voltar atrás.

Somos livres para fazer as nossas escolhas, mas não somos livres para escolher as consequências por elas geradas.

As decisões que você tomou no passado tiveram influência sobre a posição em que você se encontra na jornada da vida. De modo semelhante, as decisões que tomar hoje irão, de certa forma, determinar o seu futuro. Decisões sábias podem transformar decisões ruins do passado em fundamento para uma vida e um ministério mais produtivo — e isso pode começar agora mesmo.

A tomada de decisões corretas em circunstâncias adversas é difícil, mas não é impossível. A história do Antigo Testamento sobre um jovem chamado José, que tomou uma série de boas decisões, mesmo tendo sido grosseiramente traído pelos seus irmãos ciumentos, é um bom exemplo. José se desviou das investidas sedutoras da esposa do seu chefe, enfrentou vários anos de encarceramento injusto e, posteriormente, recusou-se a retaliar os seus irmãos, quando teve oportunidade de fazê-lo. Ele escolheu a humildade ao orgulho e o perdão à amargura. Hoje nós o honramos porque as suas sábias decisões tiveram consequências positivas que vão muito além da sua imaginação.

A exemplo de José, acordamos todos os dias com decisões a serem tomadas no próprio dia. Escolheremos o melhor caminho, ou um caminho secundário, mas quando o dia chegar ao fim, jamais poderemos retornar ao ponto onde o começamos. Ao longo do tempo, as decisões que tomamos — sejam elas pequenas ou grandes — tornar-se-ão o legado que deixaremos para trás.

Tenho um amigo que adquiriu algumas ações altamente recomendadas de uma companhia mineradora e incentivou outros de seus amigos a fazerem o mesmo. Todos os indicadores mostravam que a empresa era estável e cresceria — e mais, teria um crescimento incomum. Entretanto, uma explosão em uma de suas minas terminou com a elevação dos valores e os investidores perderam cerca de 80% do dinheiro investido. Obviamente, o meu amigo não tinha qualquer obrigação legal de ajudar aqueles a quem ele havia recomendado a compra dos papéis, porém ele sentiu que tinha uma obrigação *moral* para com eles. Decidiu vender a sua casa para levantar fundos para restituir-lhes o valor investido. Afinal de contas, raciocinou ele, os seus amigos haviam perdido dinheiro em função da sua recomendação. Pense em como aquele homem e a sua esposa serão lembrados!

Tomar boas decisões debaixo de circunstâncias desafiadoras é difícil, mas não impossível.

Este livro trata de como levarmos uma vida em plenitude, apesar de decisões erradas do passado. Ele foi escrito com a firme convicção de que Deus pega o que nós, às vezes, chamamos de decisões de "segunda opção" e as transforma naquilo que chamamos de suas decisões de "primeira" opção, ou seja, as suas melhores opções para nós. Basta-nos convidá-lo para caminhar ao nosso lado. Quando nos encontramos em um caminho errado, Deus é capaz de nos levar a um cruzamento onde poderemos escolher um novo caminho que nos levará a algo ainda melhor. É a nossa dificuldade em enxergar Deus no meio dos nossos passos em falso que nos leva a tropeçar de uma decisão ruim para outra. Deus é especialista em redirecionar aqueles que desejam encontrar um caminho melhor.

É a nossa dificuldade em enxergar Deus no meio dos nossos passos em falso que nos leva a tropeçar de uma decisão ruim para outra.

Nas páginas seguintes, você, inevitavelmente, chegará a uma bifurcação no seu caminho — será confrontado com mais uma decisão: continuará a ser definido pelas suas decisões erradas, ou olhará além destas decisões erradas, em direção a Deus, que é capaz de tomar aquilo que você lhe entregou e transformar em algo produtivo e eterno? Você poderá optar por uma vida de lamentos prolongados ou por uma vida de otimismo e realizações. A decisão será sua.

Neste livro, conhecerá pessoas que tomaram decisões terríveis: criminosos, viciados em sexo e pessoas que destruíram o seu casamento e a sua família por causa de imoralidades ou alguma outra forma de egoísmo doentio. Você conhecerá pessoas que fizeram promessas imbecis; e outras que perderam os próprios meios de subsistência por causa de jogatinas ou de investimentos errados. Em outras palavras, se você escolheu o caminho errado e está convivendo com as consequências, de uma forma ou de outra, acabará se encontrando nestas páginas.

Deus é maior que os erros que cometemos.

Só que este é, em última análise, um livro que fala de *esperança*. O fato de você estar vivo é prova de que ainda há decisões sábias a serem tomadas por você! Não importa por quantos caminhos errados já caminhou, ainda existe um caminho certo que poderá ser tomado bem na sua frente. Deus é maior que as nossas tolices; maior que os erros que cometemos; maior que os nossos pecados; e maior que a bagunça que você foi deixando ao longo do caminho que escolheu até este momento.

A minha oração é no sentido de lhe oferecer *ânimo*, apesar de todas as escolhas que você, neste momento, gostaria que tivessem sido diferentes. Eu lhe convido a vir comigo em uma viagem de expectativa e esperança. Ao longo do caminho, aprenderemos como o poder e o perdão de Deus são capazes de formar um belo quadro a partir dos riscos que entregamos na sua mão.

1

A Pior Decisão que já Foi Tomada

Felizmente, neste caso, não foi você quem a tomou

Na sua opinião, qual foi a pior decisão que já foi tomada? Não importa a gravidade do erro que você tenha cometido na decisão que lhe venha à mente, posso lhe assegurar que já fizeram coisa pior. Deus estava lá para redimir as suas escolhas ruins e colocar as pessoas em questão em um novo caminho, por isso podemos ter a certeza de que ele está do nosso lado quando fazemos uma curva errada na estrada da vida.

O Paraíso Perdido

Na Bíblia, lemos a respeito de um casal que tomou a pior decisão de todos os tempos. Rodeados pelo mais perfeito dos ambientes, escolheram um caminho que traria consequências de longuíssimo prazo. Na verdade, a decisão tomada por eles afetou todas as gerações que se seguiram a deles, até os dias de hoje. Nenhuma outra decisão afetou, de forma tão negativa, tantas pessoas, por um período tão longo — para ser mais exato, por toda a eternidade. Obviamente, na hora da verdade, não sabiam que a sua decisão se voltaria contra eles e geraria todos os tipos de males: violência, desastres naturais e até mesmo a morte. Sim, Adão e Eva ganharam o troféu por terem tomado a pior decisão de toda a história. Porém, se conseguirmos reconhecer que Deus, ao mesmo tempo, era capaz e estava disposto a fazer o melhor a partir daquela tragédia autogerada; podemos, também, estar confiantes de que Ele está pronto para nos ajudar.

As Oportunidades que eles Tinham

Imagine Adão e Eva no Paraíso. Eles desfrutavam de um ambiente perfeito, no qual todas as suas necessidades eram atendidas. Moravam em um belo jardim, rodeado pela magnífica obra das mãos de Deus, e os seus cinco sentidos não tinham nenhum tipo de restrição, bem como não estavam corrompidos pela queda. Se eles estivessem com fome, poderiam colher e se alimentar livremente das muitas árvores no jardim. E, caso desejassem de algo que ainda não tinham, bastar-lhes-ia pedir a Deus e, tenho certeza de que Ele daria para atender ao seu desejo.

Eva não tinha nenhum tipo de insegurança, pois, além de viver em um ambiente perfeito, também tinha um marido perfeito! Tenho certeza de que Adão recolhia todo o lixo da casa e a ajudava a lavar todas as louças! Sem dúvida, ele era um homem sensível, atencioso, romântico e com todos aqueles outros adjetivos tão valorizados pelas mulheres. Eva também não precisava se preocupar com o fato da sua vizinha se tornar excessivamente íntima do seu marido. Além disso, ela não precisava competir com supermodelos e atrizes que aparecem na capa das revistas. Enfim, não precisava passar noites em claro pensando se havia mesmo se casado com o homem certo!

Adão e Eva ganharam o prêmio pela pior decisão já tomada.

Adão e Eva também tinham a vantagem de ter acesso direto a Deus. Caminhavam com Ele no frescor do dia, evidentemente tendo conversas agradáveis e, muito provavelmente, obtendo a resposta para as suas perguntas. Só que, num belo dia, tomaram uma decisão que acabou com as suas caminhadas vespertinas ao lado de Deus. Quando estavam juntos junto a uma árvore da qual tinham ordens para não comer, Adão e Eva tomaram uma decisão que contaminou o relacionamento que mantinham com Deus e entre si. Com efeito, por uma simples mordida em um fruto proibido, se tornaram inimigos de Deus, e o belo relacionamento que mantinham entre si também acabou ficando amargo.

Agora, se você perguntar por que aquele casal escolheu desobedecer a Deus, mesmo estando em um ambiente perfeito e tendo tudo o que desejavam e precisavam, não existe uma boa resposta a ser apresentada. A Bíblia não nos apresenta uma explicação completa. O que sabemos é que, nos dias de hoje e nos tempos atuais, as pessoas continuam tomando decisões erradas o tempo inteiro, apesar de viverem em circunstâncias privilegiadas e de terem famílias amáveis. A exemplo de Adão e Eva, normalmente escolhemos fazer aquilo que pensamos ser o melhor para nós mesmos e, acabamos desrespeitando os avisos e a sabedoria dos outros, inclusive de Deus.

Eva não passa a noite acordada perguntando se havia se casado como o homem certo.

A Decisão Tomada por eles

O mandamento de Deus era claro: "De toda árvore do jardim comerás livremente, mas da árvore da ciência do bem e do mal, dela não comerás; porque, no dia em que dela comeres, certamente morrerás" (Gn 2.16,17).

Quando Satanás, disfarçado de serpente, aproximou-se de Eva, ele se concentrou — como lhe é de costume fazer — na única coisa que Deus estabelecera limites em toda a sua criação até então. Ele desviou a atenção de Eva de todas as coisas boas que rodeavam ela e Adão — as muitas árvores das quais eram livres para comer — e colocou em questão a sabedoria e o amor de Deus. Ele ludibriou Eva, fazendo-a pensar que poderia ficar numa situação ainda melhor caso desrespeitasse um mandamento claro da parte de Deus.

Adão, obviamente, também não sai imaculado dessa história. Ele estava ao lado de Eva no momento em que ela foi tentada e, depois, aderiu à sua decisão errada, ao provar também do fruto proibido. E, assim, ambos pecaram, mesmo estando rodeados de inumeráveis bênçãos.

Talvez a sua história pessoal seja semelhante a essa. Talvez tenha sido criado em uma família estável, seja filho de pais amorosos e tenha tido oportunidades maravilhosas. Talvez o fascínio de fazer as suas próprias coisas tenha lhe distraído daquilo que melhor conhecia. Talvez tenha seguido os seus desejos e ignorado os seus melhores instintos.

> **Satanás ludibriou Eva, fazendo-a pensar que poderia ficar numa situação ainda melhor caso desrespeitasse um mandamento claro da parte de Deus.**

Vamos analisar mais de perto aquilo que desviou Adão e Eva do seu caminho. Tudo começou quando Eva elevou os seus próprios desejos acima dos conselhos de Deus.

A árvore era desejável — era agradável aos olhos e, aparentemente, a tornaria uma mulher sábia. No momento da decisão, aquilo significava mais para ela do que as palavras que Deus lhe dissera. Ela foi enganada pelos seus próprios sentidos, e isso lhe deu a coragem para deixar de lado a palavra de Deus. Em essência, o que a serpente lhe disse foi: "Eva, *sinta*, não *pense*. A aparência não é boa? Então, faça logo isso, prove a fruta! Se você se sente bem, como isso pode ser ruim?

Obviamente, as nossas emoções nem sempre nos enganam, mas, a exemplo do que ocorreu com Adão e Eva, somos frequentemente tentados a seguir pelo caminho mais fácil, quando estamos atrás de algo que desejamos.

As decisões que tomamos parecem tão simples, contudo as suas consequências podem ser devastadoras. Deus advertira Adão e Eva que eles morreriam se comessem do fruto errado, mas àquela altura não faziam a mínima ideia do que fosse a morte! Não havia nenhum exemplo de morte no Paraíso. Talvez Eva estivesse curiosa: "Realmente quero saber: o que é a morte? Talvez seja uma experiência maravilhosa, melhor que a própria vida". Além disso, havia ainda a promessa adicional que, se comessem do fruto, seriam "como Deus," isto é, "conhecedores do bem e do mal" (cf. Gn 3.5).

Somos frequentemente tentados a seguir pelo caminho mais fácil, quando estamos atrás de algo que desejamos.

Uma Janela para o nosso Coração

A nossa mente pode justificar qualquer coisa que o nosso coração realmente deseje fazer. Queiramos ou não admitir, somos impulsionados pelos nossos desejos. Podemos até pensar que tomamos as nossas decisões com base em análises racionais, mas somos muito mais influenciados pelas nossas paixões e pelos nossos apetites. Como temos que viver com a nossa consciência, racionalizamos, cuidadosamente, o que realmente desejamos fazer — e continuamos a racionalizar depois de termos atendido aos nossos próprios desejos. A nossa mente se torna escrava de tudo aquilo que os nossos desejos exigem. Repetimos a nós mesmos: *ninguém é perfeito, mas eu sou, basicamente, uma pessoa boa. Além disso, não foi por minha culpa que as coisas chegaram a este ponto.*

Alguns momentos depois de Adão e Eva pecarem, dão início ao "jogo de empurra". Adão jogou a culpa em Deus e em Eva, e Eva jogou a culpa na serpente. Adão e Eva foram incapazes de se verem como realmente eram, e o mesmo acontece conosco.

As nossas racionalizações se tornam profundas e duradouras, e ficamos entrincheirados até que sejamos empurrados para fora em um momento em que a realidade vem à tona normalmente é preciso um momento de crise para que a nossa consciência seja despertada.

Você já ouviu falar que a maioria das pessoas muda somente quando enxergam a luz, mas seria mais exato dizer que somente mudamos quando *sentimos o calor!*

Eva deu à luz um filho que foi chamado de Caim. Enquanto cuidava de Caim, não fazia ideia das consequências do pecado que aguardavam aquela pequena família. Quando lhe nasceu o segundo filho, eles o chamaram de Abel. Ele cresceu e se tornou um homem piedoso, que aprendeu a trazer o tipo certo de oferta a Deus — o sacrifício de sangue — a Deus. Caim, o primogênito, também trouxe uma oferta, tirada do fruto da terra. Deus, porém, rejeitou a sua oferta no mesmo momento em que aceitou a de Abel. Naquele momento, a inveja começou a criar raízes no coração de Caim, em um ataque de ira, assassinou o seu irmão. Mais uma decisão terrível. Assim, começa a longa e sórdida história das famílias disfuncionais.

Racionalizamos, cuidadosamente, o que realmente desejamos fazer — e continuamos a racionalizar depois de termos atendido aos nossos próprios desejos.

Não Haveria mais Volta ao Paraíso

Antes de Adão e Eva terem pecado, estavam nus, e não sentiam vergonha. Imagine-se desfrutando de um relacionamento com Deus, e com outras pessoas, sem qualquer vergonha ou culpa no seu caminho. Imagine que os seus pensamentos fossem tão puros, tão santos, que não teria qualquer vergonha, mesmo que os seus pensamentos mais secretos fossem conhecidos pela sua esposa, pelos seus filhos, pelos seus pais e pelos seus amigos. Imagine a liberdade que isso traria para os seus relacionamentos: não haveria ira, cobiça sexual, orgulho ou egoísmo.

Apesar do seu profundo lamento, Adão e Eva não poderiam mais retornar ao Paraíso. Deus colocara uma barreira que os forçava a se manterem afastados do lar que, certa vez, tiveram. Todas as manhãs, quando acordavam do lado de fora do Éden, se lembravam com pesar que as coisas não eram mais como antes. A sua inocência não poderia mais ser restaurada; não importaria o quanto chorassem, o privilégio de passar ao menos uma noite naquele lugar idílico jamais retornaria a eles.

Imagine-se desfrutando de um relacionamento com Deus, e com outras pessoas, sem qualquer vergonha ou culpa no seu caminho.

Isso tudo lhe soa familiar?

Um jovem casal que se entrega à tentação e vai para a cama junto jamais poderá restaurar a sua virgindade. O homem que desperdiça as suas economias, de forma descontrolada, em jogatinas ou perde em algum esquema de enriquecimento rápido jamais poderá recuperar o que perdeu. A mulher que se casa em desacordo com o conselho dos pais e agora se arrepende por morar com um marido indiferente não pode retornar ao passado e desfazer os votos do matrimônio.

Desde os tempos remotos de Adão e Eva, a humanidade é ludibriada pela sedução do pecado, da mesma forma que o primeiro casal o foi. Normalmente somos ávidos por acreditar nas mentiras que nos contam que fazemos o que os nossos desejos pecaminosos ditam. É como se estivéssemos ansiosos para sermos enganados. Convivemos com os nossos pesares, tal qual o primeiro casal, e gostaríamos de desfazer todas as nossas decisões imbecis, porém todas as decisões do passado criam uma barreira que nos impedem de retornar à forma como as coisas eram anteriormente.

Porém, ao mesmo tempo em que as portas do Paraíso estavam se fechando diante de Adão e Eva (e diante de nós), a porta da esperança rangiu e se abriu por completo. Deus nos assegura de que algo bom ainda pode ser feito a partir dos cacos que restaram das nossas vidas quebradas.

Esperança em meio aos Lamentos e às Perdas

Depois de Adão e Eva terem pecado, se esconderam entre as árvores do jardim. Aqueles que não tinham vergonha, estavam agora sendo esmagados pelas terríveis consequências do pecado. As árvores que foram, outrora, um cenário agradável para a comunhão com o Criador tornavam-se, agora, um muro que fazia separação deles com Deus e de um para com o outro. Daquele momento em diante, muita energia psicológica e ingenuidade seriam empregadas para proteger este esconderijo. Adão e Eva tinham motivos para se sentirem envergonhados.

A vergonha é uma emoção poderosa. Ouvi falar que no Japão, quando um homem é demitido do seu emprego, ele, normalmente, não chega a contar para a família; e se continua desempregado, nem regressa ao seu lar. Isso tem contribuído para o crescimento de uma cultura de rua nas cidades japonesas. As taxas de suicídio continuam em alta. Racionalizamos, cuidadosamente, o que realmente desejamos fazer — e continuamos a racionalizar depois de termos atendido aos nossos próprios desejos.

Normalmente somos ávidos por acreditar nas mentiras que nos contam que fazemos o que os nossos desejos pecaminosos ditam.

Albert Camus, na sua obra *The Fall* [A Queda], escreveu: "Cada um de nós insiste em ser inocente a todo custo, mesmo que para isso tenhamos que acusar toda a humanidade, inclusive os céus".[1] Algumas pessoas, cheias de obsessões narcisistas, são psicologicamente incapazes de assumir responsabilidade por qualquer coisa, independentemente do quanto o seu comportamento seja injusto, corrupto ou abusivo. Elas parecem incapazes de se solidarizar com a dor alheia, e interpretam esse tipo de infortúnio somente em relação a si mesmas. São pessoas que irão para a sepultura sem jamais terem pronunciado as palavras: "eu pequei" ou "perdoe-me."

Desejamos tanto ser aceitos que seremos emocionalmente destruídos se não conseguirmos.

Tanto Adão quanto Eva admitiram o que haviam feito, mas não assumiriam a responsabilidade pelo seu ato. Como diz o ditado: o homem culpou a mulher, a mulher culpou a serpente e a serpente não tinha pernas com as quais pudesse fugir dali! Seguimos, claramente, os seus passos, e resistimos com energia a assumirmos as nossas responsabilidades; culpamos os outros; distorcemos os fatos para protegermos os nossos próprios egos; e, se necessário, destruímos as pessoas ao nosso redor para preservar o nosso sentimento de valor próprio.

Depois da Queda, Adão e Eva não continuaram tentando encontrar o caminho de volta a Deus; eles simplesmente foram se esconder dEle. Foi Deus quem deu início à procura (como Ele sempre faz), andando pelo jardim e chamando pelo nome o miserável casal. No mínimo, tentaram se transformar no seu próprio deus, para que não precisassem ser expostos à santidade daquEle a quem haviam enganado. Só que, felizmente, o Deus verdadeiro não os abandonaria. A sua busca por entre as árvores do jardim representava o começo da sua — e da nossa — redenção.

Adão e Eva não continuaram tentando encontrar o caminho de volta a Deus; eles simplesmente foram se esconder dEle.

Em meio a esta bagunça, Deus veio para injetar uma dose saudável de graça. Para ser honesto, Ele amaldiçoou a serpente, mas ao fazer isso fez uma maravilhosa promessa de esperança à humanidade. Na obra *Paradise Lost* [O Paraíso Perdido], John Milton descreve isso como "a queda afortunada," pois quando somos trazidos de volta a Deus, existe glória na nossa restauração. O pecado não tem glória, mas a tem.

A Promessa

Quando Deus confrontou Adão e Eva pelo seu pecado, Ele também falou à serpente: "E porei inimizade entre ti e a mulher e entre a tua semente e a sua semente; esta te ferirá a cabeça, e tu lhe ferirás o calcanhar" (Gn 3.15).

Qual o significado dessa promessa?

Um redentor comprometido a resgatar a humanidade do pecado e do pecado e da insensatez já estava a caminho! O descendente da mulher — uma referência a Jesus Cristo — esmagaria a cabeça da serpente, mesmo que a serpente o ferisse no calcanhar. Em outras palavras, o calcanhar do redentor esmagaria a cabeça da serpente no pó. O Redentor haveria de vencer a batalha, de forma completa e incontestável.

Esta história é familiar para qualquer pessoa que já estudou a Bíblia, mas volto a mencioná-la aqui por ela ser central ao plano de Deus no seu propósito de nos restaurar à plenitude, apesar das nossas decisões erradas tomadas no passado. As decisões ruins não podem ser desfeitas, mas podem ser redimidas. E Jesus Cristo é a chave para isso.

Séculos mais tarde, quando Jesus morreu na cruz, a serpente enganou-se a si mesma ao pensar: *"Agora que eu o matei, já não tenho mais opositor"!* Só que três dias depois, Jesus se levantou do sepulcro; e algumas semanas depois, subiu aos céus em prova incontestável do seu triunfo. Os seus ferimentos foram leves e temporários; mas o ferimento da serpente foi fatal, decisivo e permanente. É no poder do Redentor que somos capazes de restaurar a plenitude das nossas vidas, apesar das nossas decisões erradas do passado.

"Pela fé no poder de Deus, ... [Ele] vos vivificou juntamente com ele, perdoando-vos todas as ofensas, havendo riscado a cédula que era contra nós nas suas ordenanças, a qual de alguma maneira nos era contrária, e a tirou do meio de nós, cravando-a na cruz. E, despojando os principados e potestades, os expôs publicamente e deles triunfou em si mesmo" (Cl 2.12-15). Jesus desarmou Satanás, expondo o Diabo como um farsante raso.

As decisões ruins não podem ser desfeitas, mas podem ser redimidas.

A Cobertura

Depois de pecarem, Adão e Eva vestiram-se com folhas de figueira. Sem dúvida, se tivessem encontrado uma quantidade suficiente de folhas, teriam sido capazes de coser para si vestidos e camisas. Entretanto, mesmo que as folhas de figueira tivessem sido suficientes para escondê-los um do outro, a roupa por eles idealizada não foi suficiente para escondê-los da presença de Deus. Folhas de figueira até podem servir de roupagem, mas murcham em pouco tempo. Deus sabia que eles precisavam de um cobertura mais permanente: uma cobertura cara que somente Ele poderia lhes suprir.

"E fez o SENHOR Deus a Adão e a sua mulher túnicas de peles e os vestiu" (Gn 3.21). De onde Deus pegou aquelas peles? Evidentemente, Ele precisou matar um dos animais do campo. Com esta provisão sacrificial, Deus começou a ensinar um princípio básico: o perdão dos pecados exige o derramamento de sangue. *O pecado não poderia ser coberto de forma simples.*

Deus começou a ensinar um princípio básico: o perdão dos pecados exige o derramamento de sangue.

Deus vestiu Adão e Eva para que a sua comunhão com Ele pudesse ser restaurada e o seu pecado e a sua vergonha fossem cobertos. Aquelas peles de animais não tinham qualquer valor intrínseco, mas simbolizavam o que viria a ficar claro mais tarde: o fato do pecado, além de perdoado, poder ser coberto. Ao longo da história, muitos animais foram usados como sacrifício — o que apontava para a vinda de Jesus no futuro que era "o Cordeiro de Deus, que tira o pecado do mundo" (Jo 1.29).

Folhas secas de figueira não seriam suficientes. Séculos depois de Adão e Eva, o próprio Deus precisou sofrer na cruz para que pudéssemos ser perdoados. O seu perdão, embora tenha lhe custado muito caro, é nos dado de forma gratuita. "Àquele que não conheceu pecado, o fez pecado por nós; para que, nele, fôssemos feitos justiça de Deus" (2 Co 5.21). Essa verdade não muda só porque tomamos algumas decisões erradas.

O que Deus Faz com o nosso Pecado

Nos dias de hoje, muitas pessoas têm uma preocupação neurótica com o pecado. Às vezes, confessam os seus pecados um após o outro, o que lhas proporciona um alívio temporário. É mais comum que decidam fazer ainda melhor: tentar encontrar dentro de si mesmas um motivo para serem dignas do perdão de Deus. Mesmo depois de confessarem os seus pecados a Deus, não sentem o alívio permanente da sensação de que erraram e estão condenadas a cometerem o mesmo erro no futuro.

O perdão e a reconciliação com Deus nos são dados de forma gratuita, independentemente do que fizemos ou de quem sejamos.

O primeiro passo em direção ao desarme dessa armadilha é a compreensão de que nada dentro de nós é digno do perdão de Deus. A subestimação do nosso pecado não nos torna dignos diante de Deus; tampouco a superestimação do nosso pecado nos dá motivo para pensarmos que estamos além de um possível perdão de Deus. *O perdão e a com Deus nos são dados de forma gratuita, independentemente do que fizemos ou de quem sejamos.*

Somos perdoados por causa da morte de outra pessoa — do Redentor prometido por Deus. Fomos justificados pelo seu sangue (Rm 5.9); temos a nossa consciência purificada pelo seu sangue (Hb 9.14); e a serpente — o nosso acusador — já foi derrotada pelo seu sangue (Ap 12.11). A obra de Cristo é a única e exclusiva base para o nosso perdão. Nem a nossa bondade, nem a nossa maldade exerce qualquer efeito sobre este fato objetivo.

Deus proporciona algo melhor e mais permanente do que as folhas de figueira ou a pele de animais para cobrir a nossa culpa e a nossa vergonha. Recebemos os créditos da justiça de Jesus Cristo. Davi, cujos pecados de adultério e assassinato são bem conhecidos, escreve: "Bem-aventurado aquele cuja transgressão é perdoada, e cujo pecado é coberto!" (Sl 32.1). O próprio Deus se dirige a nós dessa forma: "Desfaço as tuas transgressões como a névoa, e os teus pecados, como a nuvem" (Is 44.22).

Deus proporciona algo melhor e mais permanente do que as folhas de figueira ou a pele de animais para cobrir a nossa culpa e a nossa vergonha.

Um homem que me escreveu de uma prisão confessou ter estuprado quatro mulheres; perguntou-me se ele também poderia ser perdoado. Na minha resposta à sua carta, utilizei a seguinte analogia: imagine duas rodovias; uma delas é limpa e lisa, boa de dirigir; a outra tem sulcos profundos que nos desviam para uma vala ao lado da pista. Quando cai a neve, ela cobre as duas da mesma forma. Da mesma forma, os nossos pecados — grandes ou pequenos — são, de igual forma, cobertos por Deus. "Vinde, então, e argui-me, diz o Senhor; ainda que os vossos pecados sejam como a escarlata, eles se tornarão brancos como a neve; ainda que sejam vermelhos como o carmesim, se tornarão como a branca lã" (Is 1.18).

Sim, mesmo crimes hediondos podem ser perdoados por Deus; mesmo o mais terrível dos males pode ser coberto.

O Deus da Segunda Chance

Leia esta história de redenção.

Um ministro que caiu em pecado sexual e teve que pedir demissão em total desgraça me disse: "Imagine que você está descascando uma cebola, e enquanto vai descascando, camada vai saindo após camada, e não há nada no meio. Não restou nada, só eu e Deus. Por causa da vergonha, fugi de todos os meus amigos que, um dia, vieram conhecer. Eu fui desprezado, não sabia como seria capaz de me levantar a cada manhã e dar um passo após o outro".

Enquanto dirigíamos juntos no seu automóvel, ele colocou um CD no aparelho de som e chorou à medida que ouvíamos estas palavras:

O Calvário a tudo cobriu,
O meu passado com os seus pecados e manchas
[leiam-se, as minhas vergonhas];

A minha culpa e o meu desespero
Jesus levou sobre o madeiro,
E o Calvário a tudo cobriu.[2]

O Calvário significava que era possível haver um novo começo para a sua vida. Muito do que fora perdido não poderia mais ser recuperado, mas nem tudo estava perdido. Ele havia sido restaurado à comunhão com Deus e estava começando a formar novas amizades. Pequenas bênçãos junto ao seu caminho lhe faziam lembrar de que Deus não o deixara de lado. E à medida que o tempo passava, mais e mais graça ia sendo acrescentada à sua vida.

Mesmo crimes hediondos podem ser perdoados por Deus; mesmo o mais terrível dos males pode ser coberto.

Mas você poderá me dizer: "Só que a vida dele nunca mais será a mesma". Isso é verdade; a vida dele nunca mais será a mesma. O seu pecado destruiu o seu casamento e afetou os seus filhos. Entretanto, a vida de Adão e Eva também não foi mais a mesma; mesmo assim Deus proveu-lhes com vestimentas feitas pela sua própria mão — que restauraram o seu relacionamento por meio do sacrifício. E Ele faz o mesmo por nós. Tudo o que podemos fazer é lhe entregar os cacos que sobraram das nossas decisões erradas e confiar que Ele cure a nossa alma.

Sim, Deus teve que matar animais para proporcionar a vestimenta adequada para Adão e Eva. E Jesus teve que ser morto para que o nosso pecado pudesse ser adequadamente coberto. Lembre-se disso: o propósito da cruz é reparar o irreparável; ela é a resposta de Deus quando parece que os pedaços das nossas vidas jamais poderão ser reagrupados. É por isso que lemos em Romanos 10.11 que todos os que depositam a sua confiança em Deus jamais serão envergonhados — eles jamais poderão ser destruídos de forma definitiva e por completo.

No Éden, Deus se tornou o Deus da segunda chance.

Mais Pecado, Mais Graça

Adão e Eva foram os primeiros, mas, obviamente, não os últimos que tomaram um caminho errado na jornada das suas vidas. Graças a eles, todos nascemos no caminho errado e carentes da graça de Deus. Felizmente, quanto maior for o nosso pecado, tanto maior será a graça de Deus para conosco. "Veio, porém, a lei para que a ofensa abundasse; mas, onde o pecado abundou, superabundou a graça; para que, assim como o pecado reinou na morte, também a graça reinasse pela justiça para a vida eterna, por Jesus Cristo, nosso Senhor" (Rm 5.20,21). Deus promete transformar as maldições em bênçãos e as nossas falhas em pedras de apoio.

Muito do que havia sido perdido não poderia mais ser recuperado, mas nem tudo estava perdido.

Embora Adão e Eva estivessem adequadamente vestidos e com a comunhão restaurada diante de Deus, as consequências cruéis do pecado continuaram repercutindo ao longo da história. Todos carregamos as marcas da Queda. No entanto, Deus os apanhou ali mesmo onde estavam e os colocou em uma nova jornada. Eles não caminhariam mais com Deus no jardim, mas — junto com a sua descendência — continuariam a manter a comunhão com Ele em função do seu pecado já está coberto. As consequências da sua decisão desastrada não seriam revertidas, eles, porém, continuariam a servir a Deus por meio do cultivo da terra e do povoamento do planeta. *A serpente não conseguiu impedir que Deus lhes concedesse o perdão e a graça.*

Obrigado Adão e Eva, todos nós nascemos no caminho errado e permanecemos necessitando da graça de Deus.

Como resultado da decisão errada de Adão de Eva, o pecado e a graça, agora, existem lado a lado. Com as maldições, vieram as bênçãos; com os crimes também veio a misericórdia. O ódio existe, mas o amor também; e o desespero é contrabalanceado pela esperança.

Embora esta graça seja oferecida a todos, não é desfrutada por todos. A graça é abundante para aqueles que têm a humildade de recebê-la. Aqueles que se apegam às suas folhas de figueira — isto é, à sua própria bondade — continuarão frustrados, tomando decisões que parecem certas, mas que sempre os levarão a um beco sem saída. Eles podem desfrutar dos seus sucessos neste mundo, mas, ao final, não encontrarão nada que os leve à vida futura.

Jesus contou uma história a respeito de dois homens que acreditavam na graça — contudo, somente um deles experimentou o milagre da aceitação de Deus; o outro, apesar de ser uma pessoa boa, foi por rejeitado Deus.

Essa história, registrada no Evangelho de Lucas, é bem conhecida e fala de um fariseu e de um publicano que foram juntos ao Templo para orar. O fariseu orava: "O fariseu, estando em pé, orava consigo desta maneira: Ó Deus, graças te dou, porque não sou como os demais homens, roubadores, injustos e adúlteros; nem ainda como este publicano. Jejuo duas vezes na semana e dou os dízimos de tudo quanto possuo" (Lc 18.11,12).

Se pensarmos que ele estava se vangloriando, vamos nos lembrar que ele cria na graça. Ao agradecer a Deus porque ele não era como os outros homens, estava, na verdade, dizendo: "Eu só ando pela graça de Deus". Ele sabia que as suas boas obras eram feitas por causa da bondade de Deus. Se ele era melhor que os outros, todos os créditos deveriam ser dados a Deus.

A graça abunda para aqueles que têm a humildade de recebê-la.

Em contraste, o publicano se sentia tão oprimido pelo pecado que nem conseguia levantar o rosto para orar aos céus. Ele só batia no peito e dizia: "Ó Deus, tem misericórdia de mim, pecador!" (Lc 18.13).

Referindo-se ao publicano, Jesus acrescenta, ainda: "Digo-vos que este desceu justificado para sua casa, e não aquele; porque qualquer que a si mesmo se exalta será humilhado, e qualquer que a si mesmo se humilha será exaltado" (Lc 18.14).

Adão e Eva não continuaram tentando encontrar o caminho de volta a Deus; eles simplesmente foram se esconder dEle.

Sim, aqueles dois homens criam na graça de Deus. O fariseu autoindulgente pensava que a graça de Deus somente era necessária para a prática das boas obras. A graça de Deus, pensava ele, ajuda a melhorar o nosso desempenho. O publicano sabia que se fosse para ele ser salvo, seria necessário um milagre que somente Deus poderia realizar. Além de precisar da ajuda de Deus, precisaria do dom do perdão, do dom da reconciliação. Somente Deus poderia fazer o que precisaria ser feito.

A esmagadora experiência de ter que admitir total impotência longe da graça de Deus não é fácil para ninguém.

Seria difícil para aquele pecador, o publicano, receber a graça? Depende. Por um lado, não, pois ficou aliviado em descobrir que havia graça para os necessitados. Por outro, a graça de Deus era difícil de ser aceita. A experiência decisiva de ter que admitir a total impotência, quando separados da graça de Deus, não é fácil para ninguém. E é por isso que o caminho que leva à vida é estreito e somente alguns o encontram (Mt 7.14).

Não é de se admirar que John Newton, um ex-mercador de escravos que compreendeu a graça, que nem a nossa vida na terra, tampouco a vida no céu farão com que deixemos de nos maravilhar com a provisão de Deus.

Depois de lá estarmos por dez mil anos,
Resplandecendo como o sol,
Não teremos menos dias para cantar os louvores a Deus
Do que os dias que tínhamos ao começar a fazer isso.[3]

Quando o pecado entrou neste mundo, a graça já estava aqui para se encontrar com ele. Para aqueles que a aceitarem, a graça está à disposição para restaurar a comunhão desfeita com o nosso Criador e para redimir até mesmo a pior das nossas decisões erradas.

Uma Oração

Deus, quero te agradecer por haver mais graça no teu coração do que pecados no meu passado. Embora eu seja culpado por ter tomado decisões erradas, sei que tu podes perdoar o meu passado e cobrir os meus pecados para que eu não me separe mais da tua comunhão e da tua santidade.

Obrigado porque Jesus morreu em meu lugar para que eu pudesse herdar a sua justiça. Não te trago nada além da minha grande necessidade; e só posso contar com a tua graça em me dar aquilo que não tenho.

2

Quando Você Opta pela Segunda Melhor Possibilidade

Confiar em Deus, mesmo quando se segue pelo caminho errado

Todos somos culpados por termos tomado decisões erradas. Às vezes, isso se deu porque agimos de forma contrária ao nosso melhor juízo e, outras vezes, porque nós, simplesmente, não tínhamos conhecimento de todos os fatos. Em certos momentos, todos tivemos que tomar algum tipo de decisão "no escuro," com uma suspeita de que a nossa decisão pode não ter sido a mais correta, mas convencidos de que poderíamos lidar com as consequências. Algumas destas decisões tiveram consequências mínimas; outras afetaram a nossa vida e a vida das pessoas ao nosso redor de forma significativa.

Outro dia eu li uma reportagem que dizia que uma dúzia de carros saiu da pista em uma rodovia de Chicago depois de atingir um grande buraco na pista. A verdade é que, normalmente, não enxergamos estes grandes buracos no nosso caminho até estarmos dentro deles. Infelizmente, vemos os nossos erros de forma mais clara no espelho retrovisor, à medida que viajamos pela rodovia da vida e, de alguma forma, falhamos em não antever os perigos que estamos prestes a enfrentar. Uma única decisão que parece inconsequente pode modificar o rumo completo das nossas vidas. Se, ao menos, fôssemos mais sábios, não estaríamos onde estamos hoje, querendo saber se, em algum momento, conseguiremos, retornar para a rodovia principal.

Geralmente tomamos decisões erradas que não são necessariamente pecaminosas; mas tão somente erros de juízo — ou, pelo menos, as vemos como erros de juízo, para, posteriormente, constatarmos que as escolhas feitas podem ter sido mesmo as melhores possíveis. Só que, em outras ocasiões, quando temos ciência de termos agido de forma errada: sabemos o que Deus esperaria, mas, mesmo assim, preferimos seguir pelo nosso próprio caminho.

> **Normalmente, não enxergamos estes grandes buracos no nosso caminho até estarmos dentro deles.**

Em uma viagem recente de avião, uma jovem se sentou ao meu lado e me contou a sua história. Ela estava grávida — contou — depois de um namoro de seis meses. O rapaz estava disposto a se casar com ela, mas ela não tinha certeza de que queria mesmo se casar com ele. "Quero me casar pelo motivo certo, não porque sou obrigada a casar, por isso estou tirando folga neste fim de semana para analisar isso tudo com a minha irmã."

Ela pediu a minha opinião e dei a ela, embora eu tenha deixado claro para que poderia receber um conselho mais consistente da parte de uma pessoa que a conhecesse tanto quanto o seu namorado. Eu a avisei que, na minha experiência, este tipo de "casamento por obrigação," normalmente, não funciona; a maior parte deles termina em divórcio. Talvez ela e o namorado fossem capazes de manter uma relação de longo prazo, mas um casamento já representa uma tarefa árdua para quem entra nele nas melhores condições.

> **Em outras ocasiões... sabemos o que Deus esperaria, mas, mesmo assim, preferimos seguir pelo nosso próprio caminho.**

Se ela se casasse, disse ela, teria que aceitar uma "segunda melhor opção". Diante da realidade da sua situação, não havia uma opção óbvia: de uma forma ou de outra, o seu futuro já estava "arruinado".

Embora eu compreendesse porque ela se sentia daquela forma, lhe assegurei que Deus é maior que a confusão que criamos para nós mesmos e para as outras pessoas. Muitas crianças concebidas fora do matrimônio se tornaram homens e mulheres ilustres, servindo a Deus com distinção — o grande estudioso Erasmo, o mártir cristão Feliz Manz e o famoso cantor Ethel Waters, para citar somente alguns. Eu a incentivei a não abortar a criança e que também fizesse contato com a sua igreja e com o seu pastor para que tivesse o apoio e o aconselhamento adequados na caminhada adiante.

Deus é maior do que a desordem que criamos para nós mesmos.

O que aquela moça estava me perguntando, em síntese, é o seguinte: como posso minimizar os danos de uma decisão afoita e pouco sábia da minha parte que gerou consequências indesejadas? O que acontece quando você não consegue se levantar puxando o próprio cadarço e retornar para o caminho, mas, ao contrário, sente-se como alguém que irá passar o resto da vida na sarjeta, enquanto as outras pessoas vão lhe deixando para trás na rodovia principal? É possível termos a segurança de que Deus nos abençoará, mesmo que o nosso casamento tenha se desfeito, ou tenhamos gerado um filho fora do casamento, que tenhamos feito um aborto, cometido um crime, ou tenhamos optado por um investimento que acabou nos levando à bancarrota?

As escolhas ruins podem se transformar numa espiral descendente. Se você fosse criado em um lar onde fosse constantemente lembrado que seria uma pessoa fracassada, teria uma séria tendência a viver a partir dessa percepção. Pensaria que o fracasso está escrito na sua testa; na verdade, você poderia até ter medo do sucesso.

Uma mulher que conheci me contou que toda vez que procurava emprego algo dentro dela dizia: *você não vai conseguir esta vaga; e, mesmo que consiga, será um fracasso.* Um grande número de pessoas, mais do que imaginamos, além de temer o sucesso, na verdade, planejam o seu próprio fracasso. Conheço um homem que pula de emprego em emprego a cada seis meses, ou a cada ano, aproximadamente. Ele convive com o medo de obter êxito. O seu pai era um alcoólatra, e não havia exemplos de pessoas bem-sucedidas na sua família. Mesmo como cristão, ele, aparentemente, não conseguiu se apegar à ajuda de Deus a fim de quebrar o ciclo de fracassos na sua família. Temia o que Deus poderia desejar que ele fizesse; temia que caso ele tivesse que perseguir o sucesso, Deus olharia aquilo como um fracasso da sua parte.

As escolhas ruins podem se transformar numa espiral descendente.

Outras pessoas respondem a uma vida familiar negativa fazendo tudo o que podem para provar que os seus pais estavam errados. Só que isso também pode levar a decisões erradas. "Nada deixaria a minha mãe mais feliz que um fracasso da minha parte," disse-me um jovem, certa vez. Só que ele a havia "decepcionado" ao se tornar financeiramente bem-sucedido, mesmo que isso tenha lhe custado muito caro. Como outros que pensam que precisam se afirmar, aquele moço se tornou um "viciado em trabalho" e autocompensava as suas inseguranças ao se cercar por armadilhas de sucesso material.

Outras pessoas respondem a uma vida familiar negativa fazendo tudo o que podem para provar que os seus pais estavam errados.

Em entrevista, a ex-modelo Janice Dickinson disse que foi motivada a ser modelo em função de ouvir, constantemente, o seu pai "buzinar" nos seus ouvidos que ela era "feia e jamais serviria para modelo". Ela provou a ele que estava errado, mas isso lhe custou caro. Enquanto ascendia na sua carreira, levou uma vida imoral e de abuso no consumo de drogas.

Uma decisão errada abre as portas para outras decisões erradas e o círculo vicioso foge do nosso controle até que, no desespero, as pessoas são levadas a pedir ajuda. Só que o retorno ao caminho certo, normalmente, é difícil quando já desperdiçamos grande parte da nossa vida. As boas-novas, entretanto, são que *ainda é possível*. Não importa o que aconteceu ontem, o amanhã sempre pode ser diferente.

Logo após dobrarmos a próxima esquina de uma carreira destruída, de um investimento falido ou de um casamento problemático deparamo-nos com Deus que nos aguarda para se encontrar conosco. Talvez nunca mais consigamos retornar para onde estávamos quando saímos do caminho, Deus, porém, pode nos mostrar um novo caminho para a restauração da plenitude da nossa vida, mesmo depois de decisões desastradas. Ele é, até mesmo, capaz de pegar a nossa "segunda melhor opção" e transformá-la na "primeira melhor," se entregarmos a Ele os cacos que restaram das nossas vidas.

O retorno ao caminho certo, normalmente, é difícil quando já desperdiçamos grande parte da nossa vida.

Sempre há uma escolha certa que ainda nos resta: a entrega das nossas vidas e de tudo o que temos a Deus.

Deus e a sua Segunda Melhor Possibilidade

Ao lermos a Bíblia, geralmente, podemos aplicar as experiências da nação de Israel às nossas próprias vidas. Por exemplo, em um incidente marcante registrado no livro de Êxodo, vemos a feiura do pecado: como as decisões ruins de outras pessoas podem nos afetar da mesma forma que as nossas próprias decisões e como a compaixão de Deus pode criar um caminho de redenção, mesmo quando nós — ou alguma outra pessoa que seja próxima —, tenhamos optado pela "segunda melhor possibilidade".

A Paralisia do Medo

Depois da nação de Israel escapar do Egito, o povo caminhou através do deserto até a fronteira da Terra Prometida. Ao longo de dois anos completos, ficaram ouvindo o quanto aquela nova terra seria maravilhosa, que era um lugar de grande fertilidade e onde os animais poderiam ser alimentados. Repetidas vezes, eles ouviam a descrição da terra como um lugar que "manava o leite e o mel". E, agora, eles estavam prestes a entrar e tomar posse dela. O povo todo — cerca de dois milhões de pessoas, incluindo jovens e adultos — estavam ansiosos para deixar o deserto para trás em troca daquele lugar próspero prometido por Deus.

Entretanto, naquela hora, eles tomaram uma decisão trágica. Quando os doze espias, que foram enviados para fazer o reconhecimento da terra, retornaram, somente dois deles, Josué e Calebe, trouxeram informações otimistas. Os outros dez cederam ao medo e aconselharam precaução e segurança imediata. Eles disseram: "Não poderemos subir contra aquele povo, porque é mais forte do que nós" (Nm 13.31). Apesar de Josué e Calebe terem tentado persuadir o povo de que Deus lhe daria a vitória, a congregação ficou com a maioria dos espias.

A compaixão de Deus pode criar um caminho de redenção, mesmo quando tenhamos optado pela "segunda melhor possibilidade."

Não se esqueça do que é mais importante: Deus prometeu ao povo que se eles atravessassem o Jordão Ele mesmo os ajudaria a derrotar os cananeus que, naquele momento, ocupavam a Terra Prometida. Só que o povo ficou amedrontado, preferindo continuar a viver no deserto em vez de se arriscar a uma derrota diante dos inimigos. Se eles confiassem em Deus, certamente teriam que enfrentar algumas batalhas, mas, ao final, estariam em uma situação muito melhor, tanto no plano físico quanto no espiritual.

Apesar de as promessas de Deus e das oportunidades que despontavam diante deles, optaram pela "segunda melhor opção". E, depois de tomada a decisão, não havia mais como voltar atrás. Na verdade, tentaram mudar de ideia no dia seguinte, mas Deus lhes avisou que, naquele momento, já era tarde demais. A sorte estava lançada, e o caminho a ser percorrido nos próximos quarenta anos — o resto das suas vidas, no caso dos adultos — seria, na sua maior parte, inalterável.

O povo ficou amedrontado, preferindo continuar a viver no deserto.

Podemos retroceder os ponteiros dos nossos relógios, ou deixar na parede um calendário desatualizado, mas apesar de tudo isso a marcha implacável do tempo continua. Muitas vezes, as decisões que tomamos são irrevogáveis. Na lua de mel, somos livres para nos lamentar da decisão de termos nos casado, mas não podemos retornar ao dia da cerimônia de casamento; não podemos desfazer os nossos votos na manhã seguinte. É inútil o choro, tal como fez um adolescente depois de destruir o carro do seu pai em uma árvore: "Ó, Senhor, eu oro para que este acidente nunca tenha acontecido!". Às vezes conseguimos alterar as nossas decisões; mas, normalmente, isso não é possível.

A Multiplicação das Consequências

As consequências da incredulidade de Israel não foram agradáveis. Eles pagaram um preço contínuo por não aceitarem a oportunidade oferecida por Deus. Na verdade, acabaram vagando pelo deserto por mais trinta e oito anos, tempo suficiente para que todos os adultos morressem no deserto. Somente as pessoas que tinham menos de vinte anos na época da decisão, ao final, haveriam de entrar na Terra Prometida — apesar de eles terem de enfrentar os trinta e oito anos completos no deserto, como consequência da decisão errônea dos seus pais. Esse juízo foi inegociável. O povo teve a liberdade de tomar a sua decisão, mas não teve a liberdade de escolher as consequências.

Podemos pensar que se tratava de um exagero, só que Deus queria que soubessem que Ele não trata um pecado grave de forma suave. Não é de se admirar que houve denúncias, ira e ressentimento em meio à multidão em conflito. O povo estava amargo e queixoso e, especialmente, irado com Deus, que, em primeira instância, fora quem os colocara naquela vida miserável no deserto. Moisés precisava controlar aquela nação desobediente, e isso não era tarefa simples. Na verdade, algum tempo depois ele ficou tão irado que deu uma batida em uma rocha com a sua vara em vez de falar com ela, conforme Deus lhe havia instruído. Em razão desse ato de desobediência, Moisés foi impedido de entrar na Terra Prometida.

Israel pagou um preço contínuo por não aceitar a oportunidade oferecida por Deus.

Então, o que Deus fez já que o seu povo preferiu a "segunda melhor possibilidade?". O que Ele fez já que Israel não poderia voltar atrás na sua decisão? As boas-novas são que Ele não abandonou o seu povo. Deus não agiu como um pai que recentemente abandonou o seu filho em um parque da cidade e jamais retornou para apanhá-lo — segundo uma notícia recente. Mas, em vez disso, Deus tomou o seu povo pela mão e lhe ensinou tanto a respeito da seriedade da desobediência quanto a respeito da maravilha da sua graça que a tudo envolve. *Ele transformou a decisão tomada como "segunda melhor possibilidade" naquilo que seria a "melhor escolha" para o futuro do povo.*

Deus queria que soubessem que Ele não trata um pecado grave de forma suave.

Podemos tomar coragem e sair em busca de esperança nesta história triste. A disciplina de Deus não significa que Ele se retira da nossa vida e das nossas circunstâncias.

Deus agirá conosco onde quer que nos encontre — mesmo que seja em meio ao que parece ser um deserto interminável. Deus fará o que sempre faz, nas consequências das nossas decisões erradas: Ele nos guiará, prover-nos-á e nos perdoará. Não nos abandona por termos tomado uma decisão insensata. Às vezes, a nossa estupidez revela as suas mais belas reações.

O Juízo e a Graça de Deus

A disciplina de Deus não significa que Ele se retira da nossa vida e das nossas circunstâncias.

"Será que Deus seria capaz de me abençoar novamente?" Essa pergunta me foi feita por um homem que havia passado dois anos na cadeia pelas suas estrepolias numa época em que trabalhou como consultor financeiro. Ao enganar o público com a publicação de balanços falsificados e por ter escondido o seu próprio patrimônio, ele subtraiu as economias de, pelo menos, uma centena de pessoas. Os seus amigos mais próximos ainda continuavam com raiva dele, e tanto a sua esposa como os familiares decidiram abandoná-lo ao descobrirem as suas falcatruas secretas. Ele era cristão e declarou jamais ter tido a intenção de enganar qualquer pessoa. Tudo começou quando ele, secretamente, emprestou uma certa quantia de dinheiro da sua empresa com a intenção expressa de devolvê-la. Só que, ao descobrir que ninguém mais sabia do empréstimo, e por nunca mais ter tido condições de pagar aquele empréstimo, entrou num ciclo de autoengano, defraudando a companhia e os seus clientes em quantias cada vez maiores.

Só que quando o esquema foi descoberto, nada lhe restou além dos seus lamentos — e das consequências dos seus atos. Enquanto estava sentado no cárcere, na sua cidade natal, aquele homem pensava se Deus poderia voltar a abençoá-lo. Se ele se arrependesse sinceramente do crime cometido, ser-lhe-ia possível levar uma vida produtiva, tanto atrás das grades quanto em liberdade? Ou, será que Deus restringe as suas bênçãos a pessoas boas que não defraudam as outras?

Eu lhe assegurei que Deus tem uma forma de redimir as nossas vidas da sarjeta — mesmo as sarjetas cavadas por nós mesmos. Aqui estão várias bênçãos concedidas por Deus ao povo de Israel no deserto, depois de eles terem erroneamente se desviado a caminho da Terra Prometida. Ele concedeu estas bênçãos apesar da sua ira diante da incredulidade do povo, e estabeleceu um modelo que amenizava os seus juízos por meio da sua graça.

A Bênção do Perdão

Tenho certeza de que a primeira pergunta que veio à mente do povo foi esta: "Será que poderemos ser perdoados pelo que fizemos"? Moisés orou para que Deus perdoasse o povo da sua desobediência e Deus respondeu dizendo: "Conforme a tua palavra, lhe perdoei" (Nm 14.20). Essas palavras foram como um copo de água fresca num deserto varrido pelo vento. É verdade que os adultos haveriam de perecer no deserto, mas seriam perdoados. Isso levaria esperança ao coração de uma pessoa que enfrenta a dura realidade de ter pecado e ser impotente para desfazer o passado. O perdão está disponível.

Deus tem uma forma de redimir as nossas vidas da sarjeta — mesmo as sarjetas cavadas por nós mesmos.

Já ouvi alguns mestres da Bíblia que nos deixam a impressão de que todos os adultos que morreram no deserto eram incrédulos que, além de perderem o acesso à Terra Prometida, perderam também o acesso ao próprio céu. Não acredito que isso seja verdade. Sem dúvida, algumas daquelas pessoas eram incrédulas endurecidas e Deus os julgou por isso, mas não tenho dúvida de que a maior parte daquelas pessoas se arrependeu profundamente da sua incredulidade e da trágica decisão, e muitas — provavelmente a maioria — experimentou a bênção do perdão de Deus. O seu pecado não estava fora do alcance do perdão de Deus. No Egito, o povo havia colocado o sangue do cordeiro pascal nos umbrais das portas das suas casas, o que os livrou do juízo severo de Deus; e, agora, eles foram perdoados pelo grande pecado da desobediência intencional.

Mesmo assim, não devemos tomar a afirmação sobre o perdão de Deus como uma espécie de cheque em branco de perdão que foi dado por Deus sem levar em conta a atitude do coração de cada pessoa. Depois da oferta de perdão, cada indivíduo precisava recebê-lo de forma pessoal. Portanto, o perdão estava disponível para aqueles que o desejassem.

Existe esperança para o assessor financeiro cristão que passou um período na prisão por enganar os investidores. Uma mulher que tenha cometido aborto precisa perceber que Deus está pronto a perdoá-la e a limpar a sua consciência atormentada. A graça de Deus não apaga as consequências do nosso pecado, mas o perdão apaga a autoincriminação e o remorso. O perdão cura o nosso coração, mesmo que não cure os nossos relacionamentos ou não nos devolva o tempo que desperdiçamos. Deus sempre concede o perdão àqueles o desejam.* Com o passado perdoado, existe esperança para o futuro. "Se confessarmos os nossos pecados, ele é fiel e justo para nos perdoar os pecados e nos purificar de toda injustiça" (1 Jo 1.9).

A Bênção da Herança dos Filhos

Embora os adultos de Israel que tomaram a decisão nesta trágica passagem tenham morrido no deserto, eles poderiam encontrar consolo ao saber que, pelo menos, os seus filhos teriam o privilégio de entrar na terra. O que o pai e a mãe não tiveram autorização para fazer, os filhos teriam. "Mas os vossos filhos, de que dizeis: Por presa serão, meterei nela; e eles saberão da terra que vós desprezastes" (Nm 14.31). Os filhos sofreram em função do pecado dos pais, mas este sofrimento teria um fim. Mesmo que os seus pais tivessem lhes decepcionado, Deus tinha uma bênção especial para aqueles que eram jovens demais para ter tomado parte naquela decisão.

O perdão cura o nosso coração, mesmo que não cure os nossos relacionamentos ou não nos devolva o tempo que desperdiçamos.

Aquela moça que estava grávida e indecisa acerca de se casar ou não com o namorado, não deveria pensar que ela e o filhinho estarão fadados a uma vida de condenação por causa do seu

* O pecado "o pecado imperdoável" mencionado por Jesus no Novo Testamento refere-se aos não crentes que não desejam perdão, logo isso não se aplica aqui.

pecado. Sei que eles enfrentarão dificuldades, tal como ocorre com qualquer lar sustentado por só um dos pais, mas pode haver bênção em meio aos desafios e aos lamentos.

Os filhos não precisam seguir os passos dos pais. A graça de Deus é maior que o ciclo típico de falhas repetidas dentro das famílias. Às vezes, os filhos mais abençoados surgem dos lares e das circunstâncias mais improváveis. Não vamos colocar uma placa na casa de uma família atípica que diz: "Proibida a entrada da graça de Deus neste local".

A graça de Deus é maior que o ciclo típico de falhas repetidas dentro das famílias.

A graça vai aonde ela é mais necessária e desejada. Milhões de crianças com pais infiéis — e até mesmo malignos — têm servido a Deus com fidelidade e grande bênção.

Um casal — Tony e Ruth — servem de exemplo a essa verdade. Tony vem de um lar com problemas de abuso e álcool. Ruth foi expulsa de casa ainda na adolescência e terminou indo trabalhar nas ruas. Ambos foram redimidos pela graça de Deus e estão criando os seus filhos com carinho e fé. Juntos, eles afirmam: "A maldição parou em nós!". E, dessa forma, a graça de Deus, até o momento tem provado que eles estão certos.

A Bênção do Alimento Diário

Deus poderia simplesmente ter dito aos israelitas que a busca por alimentos seria problema deles, e tê-los deixado passando fome. Ele poderia ter retirado deles o seu cuidado, mas não o fez. Ele preferiu abençoá-los com o maná seis dias por semana, chegando a acrescentar carne de codornizes à sua dieta, quando estavam desejosos por esta carne.

E Deus fez ainda mais: "E te lembrarás de todo o caminho pelo qual o Senhor, teu Deus, te guiou no deserto estes quarenta anos, para te humilhar, para te tentar, para saber o que estava no teu coração... E te humilhou, e te deixou ter fome, e te sustentou com

Deus preferiu abençoá-los com o maná seis dias por semana.

o maná, que tu não conheceste, nem teus pais o conheceram, para te dar a entender que o homem não viverá só de pão, mas de tudo o que sai da boca do Senhor viverá o homem. Nunca se envelheceu a tua veste sobre ti, nem se inchou o teu pé nestes quarenta anos" (Dt 8.2-4). Imagine-se vestindo a mesma muda de roupa, e até mesmo a mesma sandália por um período de quarenta anos. E tendo um serviço de entrega automática de alimentos na porta de casa todos os dias.

Alimento! Roupas! E boa saúde! Nada mal para um grupo de pessoas que preferiu se desviar do caminho de Deus e seguiu por um rumo que jamais poderia ser corrigido. Deus estava dizendo: "Mesmo que vocês terminem em algum lugar indesejado, não retirarei de vocês o meu amor e o meu cuidado". Assim como o pai da parábola do Filho Pródigo (vide Lc 15.11-32), Deus fica esperando o momento em que abandonemos as nossas decisões erradas e voltemos para os seus braços a fim de que a comunhão com Ele seja restaurada. A promessa do Novo Testamento segundo a qual devemos "lançar sobre ele toda a vossa ansiedade, porque ele tem cuidado de vós" (cf. 1 Pe 5.7), não diz somente respeito àqueles que seguiram pelo caminho certo na bifurcação da estrada; ela também diz respeito àqueles que tomaram o rumo errado, na estrada com buracos profundos e pontes derrubadas. Até mesmo os caminhos difíceis podem ser trilhados, com a ajuda de Deus.

A Bênção da sua Presença Orientadora

Dentro da comunidade maior de Israel, havia algumas pessoas que se rebelaram contra a liderança de Moisés. Deus tomou isso como uma afronta pessoal contra a escolha que Ele mesmo fizera de Moisés, por isso fez com que a terra se abrisse e engolisse 250 pessoas vivas. Posteriormente, as pessoas que murmuraram a respeito do que aconteceu também morreram; na verdade, toda a comunidade israelita teria morrido, não fosse pela intercessão de Moisés e Arão.

Entretanto, até mesmo no meio desta disciplina severa, nós lemos: "Eis que a nuvem a cobriu [a tenda da congregação], e a glória do Senhor apareceu" (Nm 16.42). Imagine só, Deus não se retirou do meio do povo; Ele deu ao povo outro vislumbre da sua glória.

Ele estava ali para julgar aqueles que o desobedecessem, e estava ali para abençoar aqueles que desejassem adorá-lo. Estava ali para guiar o povo, quando desse os seus próximos passos na sua viagem monótona. Independentemente do calor da areia e da chatice do cenário, Deus estava presente para lembrar a todos que eles não estavam sozinhos. Caminharia com eles à medida que o tempo fosse passando no caminho que haviam escolhido.

Deus espera até nos convertemos das nossas decisões erradas, voltarmos a Ele e restaurar a comunhão.

Você deseja orientação depois de ter optado pela segunda melhor possibilidade? Deus não promete nos guiar se insistirmos em tomar as nossas próprias decisões, mas Ele guia aqueles que o buscam de todo o coração. A presença de Deus acompanha todos os que a Ele clamam, mesmo os que se encontram encalhados nos terrenos pantanosos da sua vida desvirtuada.

Não se pode caminhar muito longe no caminho errado que escolhemos na bifurcação sem que encontremos outras bifurcações na estrada logo adiante. As nossas opções podem ser limitadas; a nossa trilha pode ser solitária e sem graça, mas Deus caminha conosco. "Não temas, porque eu te remi; chamei-te pelo teu nome; tu és meu. Quando passares pelas águas, estarei contigo, e, quando pelos rios, eles não te submergirão; quando passares pelo fogo, não te queimarás, nem a chama arderá em ti" (Is 43.1,2). Com a direção e a companhia de Deus, até mesmo os desvios serão administráveis.

A Bênção da Vitória nas Batalhas

Pouco depois da morte de Arão, irmão de Moisés, no deserto, o rei de uma tribo de Canaã que vivia no deserto do Neguebe capturou alguns israelitas na batalha. Em resposta, o povo israelita fez um voto ao Senhor: "Se totalmente entregares este povo na minha mão, destruirei totalmente as suas cidades" (Nm 21.2). Não somos capazes de compreender esta oração nos dias de hoje, mas os israelitas, com efeito, estavam dizendo: "Se tu nos ajudares a destruir as cidades de nossos inimigos, não tomaremos nada para nós mesmos. Estas cidades ser-te-ão por oferta se tu nos ajudares a alcançar a vitória".

Deus não se afastou; Ele deu ao povo uma outra visão da sua glória.

Não se esqueça disso: "O Senhor, pois, ouviu a voz de Israel e entregou os cananeus" (Nm 21.3). É comum lermos que devemos ouvir a voz do Senhor; mas, nesta passagem, a Bíblia nos diz que foi *Deus* quem ouviu (algumas traduções colocam como "obedeceu") à voz daqueles que oravam a Ele. Imagino que Deus estava dizendo: "Sim, vocês estão no deserto recebendo o juízo por causa da incredulidade, mas isso não significa que deixarei de atender às suas orações. Lutarei no lugar de vocês: continuarei respondendo ao seu clamor".

Você nunca estará em uma situação que lhe colocará fora da possibilidade de Deus responder às suas orações. Jamais deixe de orar; jamais deixe de pedir; e, acima de tudo, jamais deixe de confiar. Um dia, quem sabe, você até agradeça a Deus pelo caminho errado que acabou escolhendo. Com este tipo de fé, o seu futuro continuará promissor. Na verdade, tendo fé na soberania de Deus, poderemos inclusive prosperar mesmo depois de ter tomado uma decisão que não era a melhor.

A Bênção dada a Josué e Calebe

Você está sofrendo por causa de uma decisão errada de outra pessoa? Ponha-se no lugar de Josué e Calebe, os dois espias que aconselharam a nação de Israel a crer em Deus. Apesar de eles, pessoalmente, terem sido fiéis, também tiveram que vagar pelo deserto por mais trinta e oito anos, junto com o restante do povo. Lembre-se de que quando uma nação é julgada, os justos sofrem junto com os desobedientes. Apesar disso, Deus honrou aqueles homens pela sua fidelidade, embora também tivessem sofrido este juízo no deserto. E, até onde sabemos, aceitaram aquela situação com dignidade e graça.

Anos mais tarde, Josué se tornou o sucessor de Moisés e um renomado capitão militar que, além de entrar na Terra Prometida, também conquistou várias vitórias para nação. Calebe superou as barreiras da pressão de grupo e de raça (ele era um quenezeu, e não um israelita) e, mesmo em idade avançada, pôde entrar na Terra Prometida.

Ao avistar o pedaço de terra que desejava para si e para os seus descendentes, Calebe disse a Josué, o líder do povo: "Dá-me este monte de que o Senhor falou aquele dia" (Js 14.12). E a Bíblia nos diz: "E Josué o abençoou e deu a Calebe... Hebrom em herança" (Js 14.13). Com efeito, Deus respondeu: "Calebe, como você me seguiu de todo o seu coração, eu lhe honrarei e atenderei às suas orações". Com oitenta e cinco anos de idade, depois de passar quase a metade da sua vida no deserto em função do pecado alheio, Calebe teve o seu pedido atendido — o fruto da sua fé em Deus. Apesar de não gostarmos da ideia de passarmos a metade das nossas vidas debaixo das consequências das decisões desastradas de outras pessoas, é estimulante saber que Deus continua fiel, e que Ele ainda é capaz de redimir nossas vidas e nossas circunstâncias, mesmo que isso não aconteça na velocidade que desejamos.

Você nunca está em uma situação que o coloca fora da possibilidade de Deus responder às suas orações. Jamais deixe de orar.

Você pode ser um cristão fiel, vitimizado pelos erros e pela má sorte de outros — dos seus pais, do seu cônjuge, de um chefe ou de um amigo. Você pode estar enredado em situações criadas por outras pessoas, ou pioradas por elas. É preciso que saiba que Deus não irá lhe abandonar, mesmo que você tenha de experimentar as repercussões destas escolhas erradas. Ele o vê, mesmo no deserto que outros criaram para você. Vejamos o que disse Corrie tem Boom, uma sobrevivente dos horrores de um campo de concentração nazista: "Não existe uma cova tão profunda que não seja alcançada pelo amor de Deus".[1]

A nossa Segunda Melhor Possibilidade Pode se Transformar na Melhor Escolha de Deus

A jovem que não sabia se deveria se casar com o pai da criança — e oro para que ela tome a melhor decisão! — pode ter de caminhar no deserto da pobreza, dos sonhos despedaçados e da dor da traição, mas Deus não a abandonou ao seu destino. Se ela aceitar a graça de Deus, Ele estará ao seu lado, guiando-lhe, respondendo às suas orações, e a levando para um novo caminho. Embora, no seu caso, a "melhor opção" não ser mais uma opção, Deus pode abençoar a sua "segunda melhor escolha" e, até mesmo usar a sua situação complicada para a sua glória.

> **Deus não vai abandoná-lo, mesmo no deserto que outros fizeram para você.**

Nem o trapaceiro atrás das grades, nem a mulher aprisionada em um casamento miserável, nem o investidor imprevidente que perdeu o seu dinheiro em um esquema de enriquecimento rápido são abandonados por Deus, desde que se voltem a Deus arrependidos e com fé. O "Plano A" foi perdido para sempre, mas o "Plano B" também pode servir aos propósitos de Deus. Mesmo quando, de forma insensata, trocamos a Terra Prometida pelo deserto, Deus não nos abandonará no deserto. Ele tem todas as condições de tornar a nossa "segunda melhor possibilidade" em uma nova "primeira opção".

Devo enfatizar que nem todas as pessoas de Israel experimentaram o perdão e a graça de Deus no deserto. Aqueles que ficaram irados com Deus e se recusaram a se arrepender morreram sem perdão. A graça não entra em corações fechados. Ela precisa ser aceita por aqueles que estão dispostos a se submeter aos caminhos de Deus.

> **Mesmo quando, de forma insensata, trocamos a Terra Prometida pelo deserto, Deus não nos abandonará no deserto.**

Deus pode redimir a sua história, mas você precisa deixar com que Ele faça isso, tal como vemos neste poema que li alguns anos atrás:

Como crianças que trazem os seus brinquedos quebrados,
Com os olhos cheios de lágrimas, para que os consertemos,
Eu trouxe os meus sonhos despedaçados até Deus,
Porque Ele era meu amigo.
Mas, em vez de deixá-lo
Em paz para fazer o conserto sozinho,
Fiquei ali perto tentando ajudar,
Com modos que eram somente meus.
Até que os arranquei de volta da sua mão e gritei:
— Como tu podes ser tão devagar?
— Meu filho — disse Ele — o que mais eu poderia fazer
Tu nunca me deixas trabalhar[2]

Em suma, a graça não vem para os autoconfiantes, mas para os desesperados. Ela entra no nosso coração quando as nossas defesas interiores que assumem a forma de amargura, raiva e rebelião são humildemente deixadas aos pés de Cristo. Jesus disse que os que choram serão consolados (Mt 5.4), e que o Reino dos céus pertence aos pobres de espírito (Mt 5.3).

Deus já tirou outras pessoas da sarjeta, antes de você, e você pode ser o próximo.

Uma Oração

Pai, perdoa-me pelos caminhos errados que escolhi na estrada da vida. Desperdicei oportunidades; decepcionei a mim mesmo e a outras pessoas. A minha vida toda parece ser uma "segunda opção" em comparação com aquilo que ela poderia ter sido. Restaura-me à plenitude a partir do que estou te entregando neste momento. Faço desta oração de Davi as minhas próprias palavras: "Esperei com paciência no SENHOR, e ele se inclinou para mim, e ouviu o meu clamor. Tirou-me de um lago horrível, de um charco de lodo; pôs os meus pés sobre uma rocha, firmou os meus passos; e pôs um novo cântico na minha boca, um hino ao nosso Deus; muitos o verão, e temerão, e confiarão no Senhor" (Sl 40.1-3).

3

Quando Você se Casou com o Problema

Você se arrepende dos votos insensatos que fez no passado

— Que tremenda bagunça!

Foi isso o que pensei comigo mesmo quando uma mulher me chamou para me contar a sua história. Ela e o seu namorado fizeram os seus votos de casamento de modo privado, para que pudessem manter intimidade sexual sem se sentirem culpados. Um casamento formal levaria muito tempo para ocorrer e eles simplesmente sentiram que não poderiam mais aguardar para desfrutarem das delícias do sexo, por isso acharam que seria melhor se casarem secretamente "diante de Deus" do que "continuarem em fornicação", conforme ela mesma descreveu a situação. A fim de dar ao casamento secreto uma aura de respeitabilidade, eles inventaram uma cerimônia bastante solene em um quarto de hotel, na qual ela chegou a usar um vestido de noiva! Certamente, Deus haveria de compreender, disseram eles, um ao outro; já quanto aos amigos, nenhum deles precisaria tomar conhecimento daquela cerimônia secreta.

Só que, como geralmente é o caso, os relacionamentos que começam de forma errada, também terminam mal. O homem agora queria se afastar dela. Ele alegava que não eram legalmente casados, pois, segundo ele, o casamento era, acima de tudo, mais do que votos secretos feitos entre os dois, mesmo que se argumentasse que Deus era testemunha entre os dois. A mulher, por outro lado, levou os seus votos a sério e acreditava piamente tanto que eles estavam casados, quanto na impossibilidade de ele voltar atrás no seu compromisso.

Quando conversei com o rapaz para conhecer o seu lado da história, ele disse: "Sim, é verdade que fizemos os nossos votos e tudo mais, mas eu estava seduzido a me casar com ela. Ela levou o vestido de noiva dentro do carro, porque sabia que eu, provavelmente, teria um momento de fraqueza e foi o que ocorreu. Eu a ajudei a colocar o vestido e, a seguir, fizemos os nossos votos e a ajudei a tirar o vestido e tivemos uma noite apaixonada — embora, como você já deve ter percebido, já estarmos levando uma vida de intimidade antes daquilo". E ele, depois, acrescentou: "Só que aquilo não era um casamento. Você não está casando enquanto a cerimônia não é formalizada por algum ministro da igreja e registrada junto aos órgãos do estado. Por isso, estou me retirando daquilo que está se transformando uma relação tediosa".

Como geralmente acontece, a relação que começa mal termina mal.

Bem, o que fazer depois que se assumiu um voto de forma insensata? E o que acontece quando você se casa com o problema? Vamos desemaranhar o problema deste casal e, depois, analisaremos como minimizar ao máximo as dificuldades de um casamento problemático.

A Natureza dos Votos

Para início de conversa, os votos se diferenciam das promessas porque todas as promessas têm condições implícitas.

Por exemplo, se eu fosse dizer: "Eu lhe encontro no *Starbucks* para tomarmos um café", mas sofresse um acidente enquanto estivesse a caminho, você não me ligaria dizendo: "Você não é uma pessoa de confiança, pois não cumpre as suas promessas"! O que eu quis dizer, na verdade, era: "Eu lhe encontro no Starbucks, se não ficar doente, nem passar por algum tipo de emergência". As condições estavam implícitas.

Um voto coloca uma promessa num patamar superior e é equivalente a um juramento. Deus leva os votos ou os juramentos muito a sério. "Quando a Deus fizeres algum voto, não tardes em cumpri-lo; porque não se agrada de tolos; o que votares, paga-o. Melhor é que não votes do que votes e não pagues. Não consintas que a tua boca faça pecar a tua carne, nem digas diante do anjo que foi erro; por que razão se iraria Deus contra a tua voz, de sorte que destruísse a obra das tuas mãos? (Ec 5.4-6).

Um voto coloca uma promessa num patamar superior e é equivalente a um juramento.

O casamento é o mais sagrado de todos os votos ou juramentos, porque ele não apresenta condições, nem implícitas, nem de qualquer outra sorte. Ao nos comprometermos um com o outro "até que a morte nos separe", afirmamos diante de Deus e de testemunhas que não existem brechas por meio das quais poderemos fugir ao compromisso assumido.

Os votos continuam intactos, mesmo que o casamento seja difícil — o que, quase que certamente, será verdade. Imagine unir duas pessoas autocentradas (e até mesmo narcisistas) e esperar que elas vivam em harmonia?! Acrescente a isso a bagagem que muitos trazem para os seus relacionamentos e não nos surpreenderemos que um "casal comum" enfrente grandes desafios. Mesmo assim, é exatamente aqui no ponto da nossa fraqueza e da nossa necessidade que Deus vem ao nosso socorro.

O casal que fez os seus votos, um ao outro, no quarto de hotel, os fez de forma voluntária. Eles chegaram a orar juntos e

É exatamaente aqui no ponto da nossa fraqueza e da nossa necessidade que Deus vem ao nosso socorro.

pediram a Deus que fosse testemunha do seu compromisso um com o outro. Na minha opinião, eles, agora, deveriam cumprir o voto, guardarem o compromisso mútuo e fazer uma cerimônia pública de casamento — para benefício deles mesmos. O marido que deseja sair do relacionamento deve ser homem o suficiente para a sua noiva: "Nós tomamos a nossa decisão, confirmamos os nossos votos — agora vamos resolver as nossas diferenças e fazer este casamento funcionar"! Deus concede uma bênção especial àqueles que temem o Senhor e "aquele que, mesmo que jure com dano seu, não muda" (Sl 15.4).

Obviamente, não havia nada que a esposa pudesse fazer caso o marido não quisesse cumprir o seu voto. No fim das contas, quanto mais ela tentava convencê-lo a ficar, mais determinado estava em partir. As pessoas renegam os seus votos o tempo todo, como fica evidente a partir dos milhões de divórcios que ocorrem a cada ano na nossa sociedade. Podemos até renunciar a um voto feito, mas não poderemos fugir de Deus, que exigirá de nós a prestação de contas por aquilo que prometemos.

Se alguém estiver sugerindo que estou dando aos adolescentes a permissão para "se casarem" ao declararem os votos um ao outro de modo privado para poderem fazer sexo sem culpa, por favor, compreenda que estou dizendo justamente o contrário. A exemplo do casal que mencionei, qualquer pessoa que se casa secretamente para poder legitimar uma vida sexual não pode esperar para si nada além de culpa, acusação e ira da parte do seu companheiro(a). Sempre que o sexo se torna mais importante que a integridade; quando aquilo que é permanente é, voluntariamente, sacrificado no altar daquilo que é imediato; quando uma pessoa usa a outra (ou, para este fim, um acaba usando o outro), o resultado final é sempre sofrimento, lamento, raiva e bagagem emocional. "Eu fui casada por um juiz," disse-me um amigo. "Hoje, preferiria convocar uma banca de jurados!"

O Dia em que Deus Abençoou um Voto Insensato

Seria possível que Deus abençoasse um voto insensato? É óbvio que sim. A sua bênção não vai transformar um voto insensato em um voto feito com sabedoria, mas Ele pode e, de fato, restaura a plenitude das nossas vidas mesmo depois de decisões erradas, com frequentes demonstrações do seu poder e graça, quando estes mais são necessários. Existe uma história no Antigo Testamento que confirma isso.

Depois de Israel entrar na Terra Prometida, Deus explicitamente disse a Josué para não fazer alianças com nenhuma das tribos que viviam dentro das fronteiras de Canaã (Dt 7.1,2). Só que, certo dia, uma caravana de nômades veio até Josué, alegando terem vindo de um local que ficava fora das fronteiras da terra. Insistiram que ele celebrasse um tratado de paz com eles porque temiam que, de outra forma, fossem destruídos. Incrivelmente, apesar de Josué ser um homem que obedecia a Deus de forma consistente, neste caso ele "não pediu conselho à boca do Senhor" (Js 9.14).

Não poderemos fugir de Deus, que exigirá de nós a prestação de contas por aquilo que prometemos.

Portanto, sem consultar a Deus, mas só por acreditar na história dos gibeonitas, Josué fez um voto de que os protegeria. Bastaram poucos dias para ele descobrir que havia sido enganado.

Num nível puramente humano, Josué pode ter sido tentado a voltar atrás no seu voto porque, afinal, aqueles estrangeiros não moravam fora das fronteiras de Israel; moravam logo no outro lado do vale. Um homem que não estivesse à altura de Josué poderia ter dito: "Vou quebrar o meu voto, porque eles mentiram para mim acerca de quem realmente eram". Mas Josué não agiria assim. Ele preferiu conviver com as consequências do seu voto insensato. Ele havia jurado pelo nome do Senhor Deus de Israel e, agora, não os tocaria, conforme prometera.

Deus não ficou confuso com tudo isso. Como seria de se esperar, Ele preferiu fazer o melhor a partir da decisão ruim

Josué preferiu conviver com as consequências do seu voto insensato.

tomada por Josué. Para benefício de Israel, estes pagãos tiveram a permissão de viver junto com os israelitas como servos. Apesar de serem uma pedra no sapato de Israel, realizavam tarefas importantes, tais como o corte de madeira e o transporte de água. Embora os gibeonitas estivessem condenados à servidão perpétua, séculos mais tarde, os registros nos mostram que continuavam trabalhando na região do Templo, honrados por servir ao Deus vivo (Js 9.27; Ne 7.6,7,25).

E a coisa fica ainda melhor. Em função de Josué ter cumprido o seu voto, Israel foi testemunha de uma rara demonstração do poder de Deus. Depois da notícia do acordo de Josué com o gibeonitas se espalhar, uma coalizão de reis decidiu atacá-los, por eles, agora, terem uma "aliança" com Josué. Portanto, Josué — por causa do voto assumido — teve de defender os gibeonitas na batalha que se seguiu. Neste processo, ele testemunhou um dos maiores milagres relatados na Bíblia — tanto o sol quanto a lua permaneceram imóveis no céu até o memento em que Josué venceu a batalha. O comentário divino feito acerca do ocorrido é este: "E não houve dia semelhante a este, nem antes nem depois dele, ouvindo o Senhor, assim, a voz de um homem; porque o Senhor pelejava por Israel" (Js 10.14).

Vejam como são as coisas! Jamais teríamos esta história maravilhosa se Josué tivesse quebrado o seu voto. Sim, Deus atendeu ao pedido de Josué e disse, com efeito: "Embora o voto que você fez tenha sido presunçoso, usarei as suas circunstâncias para mostrar a você um dos maiores milagres que já realizei no planeta terra!

Eis uma promessa que deve está diante de nós. No Salmo 15.1, o rei Davi pergunta a Deus: "Senhor, quem habitará no teu tabernáculo? Quem morará no teu santo monte?" E Ele responde a essa pergunta apresentando aqueles que se qualificam para essa bênção especial; dentre eles está o homem que cumpre o seu voto "mesmo que jure com dano seu" (15.4).

Que todos os que assumiram os votos de matrimônio de forma insensata, e todos os que fazem promessas difíceis de serem cumpridas saibam que ainda podem ter esperança de receber a bênção de Deus. As bênçãos espirituais aguardam aqueles que não revogam um voto somente porque a sua situação mudou.

As bênçãos espirituais aguardam aqueles que não revogam um voto somente porque a sua situação mudou.

Uma mulher escreveu uma carta para mim contando como se sentiu horrível no dia do seu casamento. Ela se casou com o namorado somente porque ele a havia forçado a manter um relacionamento íntimo, e depois de atravessar a fronteira, ela se sentiu na obrigação de se casar com ele. Os seus pais, desconhecendo totalmente a sua angústia, incentivaram-na na decisão de se casar com aquele homem. Ela contou que, no dia do casamento, se pudesse correr para algum lugar, certamente o teria feito, pois além de não amá-lo, ela sabia que aquilo seria uma tragédia anunciada desde o primeiro dia.

Duas coisas sustentaram aquele casamento nos seus primeiros dias. Em primeiro lugar, o divórcio não era uma opção para os dois. Eles levaram o voto a sério e não consideravam certo abandonar o barco em uma situação difícil. Em segundo lugar, apesar de eles serem, na melhor das hipóteses, cristãos nominais ao se casarem, decidiram se envolver no trabalho de uma igreja; fizeram amizades com outros casais e se recusavam a lutar sozinhos. Eles também tinham a bênção adicional das orações dos seus pais. Durante anos, eles lutaram, e hoje fazem parte de um trabalho missionário. São a prova de que, às vezes, casamentos que começam mal podem terminar bem por intermédio de muita oração e agonia.

Deus pode transformar uma maldição em uma bênção, mesmo em um casamento complicado. Não saia à procura de um escape quando as coisas começarem a se deteriorar.

Antes de se Divorciar

"O casamento" — como já foi dito — "é como enfrentar uma cirurgia em que o nosso peito é aberto sem anestesia". Histórias de cortar o coração são ouvidas por toda parte: um homem me escreveu para contar que a sua esposa, que passava horas na Internet, estava mantendo contato, via *Facebook* com um ex-namorado que havia conhecido na faculdade. Uma mulher me contou que descobrira que o marido a traíra e agora estava em dúvida se deveria ou não se divorciar dele. Outra mulher disse que o seu marido havia perdido todas as economias da família na jogatina, sem o seu conhecimento.

Deus pode transformar uma maldição em bênção, mesmo em um casamento complicado. Não saia à procura de um escape.

O divórcio parece muito atraente nesses casos, só que ele, normalmente, não representa a grande libertação esperada por muitas pessoas. A decisão, na maior parte dos casos, leva a problemas intermináveis, à vingança, à ira e ao remorso. E o pior, se esta decisão envolve os filhos, eles, normalmente, sofrem e levam a sua dor para a geração seguinte. Lou Priolo, que atuou muitos anos como conselheiro em casos de divórcio, escreve: "A maior parte das pessoas [que se divorcia] volta, de uma forma ou de outra, e reconhece que o sofrimento por elas experimentado foi muito maior do que inicialmente pensaram... Elas, invariavelmente, contam-me que se precisassem passar por tudo de novo, não seguiriam por aquele caminho".[1]

O divórcio parece muito atraente nesses casos, só que ele, normalmente, não representa a grande libertação esperada por muitas pessoas.

Li, em algum lugar, que existem duas coisas que não podem ser feitas com pressa: (1) não se deve embalsamar um corpo, e (2) nem entrar em um divórcio apressadamente! Obviamente, não estou dizendo que uma pessoa deva aceitar indefinidamente o abuso físico, emocional ou verbal. Isso é especialmente verdade se na casa houver crianças que podem ser afetadas pelo comportamento abusivo de algum dos pais. Sugiro que a parte ofendida busque auxílio o mais rápido possível e que a parte ofensora seja advertida que ele ou ela acabará sendo exposto(a).

Muitos casamentos são infelizes por um motivo ou outro. O relacionamento em si não é abusivo, mas é tenso ou está emocionalmente morto. Estes casamentos podem ser salvos. Além disso, as pessoas que desejam se divorciar precisam receber auxílio seja qual for o motivo alegado, inclusive quando uma das partes coloca o famoso argumento de que "encontrou a sua alma gêmea".

Já observei cinco mitos aos quais as pessoas estão inclinadas a acreditar quando desejam romper com um casamento. Estes mitos, que quase sempre culminam com o divórcio, são devastadores para os casamentos e para as famílias:

1. O mais importante é a minha felicidade. "Não consigo acreditar que seja a vontade de Deus que eu viva infeliz para o resto da minha vida," disse-me um homem. "O cristianismo nos ensina a levarmos uma vida de satisfação e felicidade, e eu sei que este casamento tem sido um peso para mim, e não uma bênção. Eu não consigo viver assim, e se me divorciar, os meus filhos vão acabar se ajustando."

Permita-me dizer, de forma clara, que a fidelidade é muito mais importante do que a felicidade!

Imagine Jesus, no Getsêmani, dizendo: "Não vou até a cruz, porque isso interferirá na minha felicidade". Ele poderia ter evitado a dor de um caso de obediência difícil, só que, se agisse daquela forma, o mundo não teria sido redimido. E o que é ainda mais abominável: o seu Pai do céu não teria ficado satisfeito. A obediência, e não a felicidade deve ser a nossa prioridade número um.

Um homem que deixou a esposa, depois de estar casado por trinta anos, para se casar com uma menina dos seus sonhos caiu morto três meses depois do segundo casamento. Se ele soubesse

A fidelidade é muito mais importante do que a felicidade.

que precisaria prestar contas diante de Deus e assim por diante, ele, talvez, teria permanecido no seu primeiro casamento, fosse ele ou não prazeroso. A verdade crua é que não conhecemos o nosso futuro; não sabemos quais lombadas surgirão no nosso caminho quando pensamos que a nossa felicidade é mais importante que a nossa fidelidade.

Peter Marshall, o capelão falecido do Senado norte-americano, certa vez, disse: "De uma vez por todas, precisamos tirar de vez da nossa cabeça a ideia de que o objetivo desta nossa vida é o prazer pessoal... A vida não é isso. Vocês foram colocados aqui para um propósito e este propósito não está relacionado com prazeres superficiais. Vocês não têm direito à felicidade; não têm direito a nada".[2]

Não temos qualquer direito à felicidade, mas temos a obrigação de obedecer a Deus. E quando colocamos a obediência acima da nossa própria felicidade, descobrimos que somos abençoados. Em última análise, não existe conflito entre o que Deus quer de nós e o que é melhor para nós.

O discipulado significa que tomaremos decisões duras a favor dos outros e não a favor de nós mesmos e, de maneira especial, que viveremos de olho naquilo que agrada a Deus. Se formos fiéis, todos os sofrimentos — inclusive os problemas do nosso casamento — irão, ao final, redundar, em última análise, em benefício para nós mesmos e em glória para Deus.

Não existe conflito entre o que Deus quer de nós e o que é melhor para nós.

2. A descoberta da pessoa ideal me trará a verdadeira realização. Tenho certeza de que você já ouviu alguma variante do seguinte argumento: "Enfim, encontrei a minha alma gêmea. É como se estivesse faltando uma peça no meu quebra-cabeça, que agora foi por mim achada. Não se trata de atração sexual. Podemos ficar a sós em uma conversa por longas horas e, de alguma forma, ela (ou ele) está mexendo com algo no meu íntimo que eu jamais imaginei que existisse". Depois disso vem a separação, porque o parceiro descontente deseja um "tempo para pensar com calma em tudo o que está acontecendo". O divórcio, quase que inevitavelmente, vem a seguir.

Quando olhamos para a lua, a partir da terra, sempre vemos somente um dos seus lados; porém a lua tem um outro lado — o seu lado escuro — o qual jamais vemos. Exatamente da mesma forma, alguns casais entram no casamento sem perceber que o seu parceiro tem também este lado escuro. Pouco depois do casamento, essa realidade que pode surgir traz uma decepção imediata e avassaladora; só que à medida que os casais trabalham a sua dor, eles podem crescer em confiança, força e maturidade no seu relacionamento. No processo, eles aprendem o significado do amor sacrifical.

Este cenário já ocorreu milhares de vezes: uma mulher cujo marido não lhe dá atenção na maior parte do tempo encontra um homem que simplesmente a admira. Ela diz: "Finalmente, encontrei o homem dos meus sonhos". Só que depois de se divorciar e se casar novamente, ela descobre que a euforia vai embora rapidamente e ela acorda para, subitamente, perceber que o seu novo companheiro é autocentrado, controlador e manipular. Apesar de quase a metade de todos os primeiros casamentos terminarem em divórcio, mais de 60% de todos os segundos casamentos seguem pelo mesmo caminho. Conflitos não resolvidos do primeiro casamento são levados para dentro do segundo casamento e depois de se divorciar uma vez, tudo fica mais fácil.

Trinta anos atrás, um dos nossos diáconos na Igreja Moody me disse: "Estou me separando da minha esposa porque estava em um deserto seco e agora encontrei um oásis". Dez anos depois, ele me escreveu uma carta de dez páginas, contando todo o pesar e toda a tristeza que

À medida que os casais trabalham a sua dor, eles podem crescer em confiança, força e maturidade no seu relacionamento.

passou. Ele explicou como as águas daquele "oásis" maravilhoso acabaram se mostrando tão amargas quanto o fel. A sua nova esposa, por fim, rejeitou-o e o colocou para fora da casa. Se me lembro bem, um dos seus filhos cometeu suicídio. Este ex-diácono confessou que o deserto seco teria sido melhor do que este pântano venenoso e estagnante no qual ele agora se encontrava. Não demora muito para que um belo sonho se transforme em pesadelo.

É muito melhor *ser* a pessoa certa do que *encontrar* a pessoa certa. Todos temos falhas e fraquezas; temos pensamentos pervertidos e desejos ardentes que exigem satisfação. Até mesmo a pessoa mais compatível que você encontrar pode vir a ter um acesso de raiva, tornar-se vingativa e infiel em um casamento. Entretanto, se você não encontrar a pessoa certa na primeira vez, provavelmente não a encontrará na segunda.

É muito melhor ser a pessoa certa do que encontrar a pessoa certa.

3. Posso continuar sendo uma pessoa carinhosa, mesmo que eu desmanche o meu casamento e me case com a pessoa dos meus sonhos. Bem nesta semana, um homem me confidenciou que o seu irmão lhe dissera: "Estou tendo um caso; mas não conte para a minha esposa de jeito nenhum, não conte para a minha esposa, porque eu a amo tanto quanto os meus filhos". Nós podemos nos convencer de um número infinito de mentiras; queremos acreditar neste tipo de coisa de forma tão horrorosa que continuamos desejando ignorar o fato óbvio que, se nos preocupássemos mais com os outros do que com nós mesmos, jamais nos enganaríamos a ponto de pensar que o abandono egoísta de um casamento seria consistente com o *amor*. E mais, acreditamos nestas mentiras em plena luz do dia.

Até mesmo um envolvimento emocional com outra mulher é suficiente para matar os sentimentos românticos de um homem para com a sua esposa e para consumir as energias psíquicas necessárias para que ele seja um pai presente e interessado nos filhos. Um homem que diz a si mesmo que é capaz de continuar amando a sua esposa e os seus filhos enquanto tem a sua mente concentrada, de modo egoísta, em outra mulher, está se convencendo de mentiras que ele mesmo está ansioso para acreditar. Quase sempre, um dos cônjuges não conseguirá sair de um casamento sem praticar o autoengano deliberado. Não, você não ama a sua esposa e os seus filhos se deseja abandoná-los e sair à procura da mulher dos seus sonhos.

4. Posso administrar as consequências. Deus me perdoará e, então, poderei prosseguir. Há muitos anos, um pastor que havia abandonado a sua esposa para ficar com outra mulher me disse: "Ah, é claro, eu sei que estou pecando, mas lembre-se de que até Davi teve a sua Bate-Seba". Sim, é verdade. Davi teve o seu caso com Bate-Seba; e junto com ela, arranjou um sofrimento interminável para a sua família e um desastre para todo o seu reino. Sim, Deus perdoou Davi, porque Ele é um Deus gracioso, só que as consequências desastrosas prosseguiram ocorrendo — não somente aqui neste mundo, mas também na eternidade. A família de Davi foi destruída e os seus filhos morreram sem arrependimento.

Até mesmo um envolvimento emocional com outra mulher é suficiente para matar os sentimentos românticos de um homem para com a sua esposa.

Ter uma atitude do tipo "não fiz nada que um perdãozinho não possa resolver" representa um grave insulto a Deus. Há certas consequências inerentes ao divórcio que não são removidas quando nos arrependemos; são dominós escondidos que, ao caírem, vão derrubando outras peças em toda a nossa família e em todos os nossos círculos de influência. E o dano feito a nós mesmos, ao nosso cônjuge, aos nossos filhos e, de maneira mais geral, ao povo de Deus vai além das estimativas. Assim como é impossível se plantar uma hera venenosa e se colher tomates, também é impossível passar por um divórcio não bíblico e esperar por boas consequências.

5. Ele/ela nunca vai mudar. Li em algum lugar que muitos casais são como os limpadores de para-brisa de um carro, que nunca se encontram. Cada um dos cônjuges faz a sua "dança," sem jamais se encontrarem. Eles discutem a respeito das mesmas coisas, ano após ano, indefinidamente, sem que nada seja resolvido. Assim, aprenderam a conviver debaixo do mesmo teto, mas sem se esquecer da regra: "Eu fico no meu raio de ação e você fica no seu; eu pego no seu pé quando estou com raiva e você faz o mesmo comigo quando estiver irada". Só que, a exemplo do que ocorre com os limpadores de para-brisa, estes casais continuam se movendo sem parar, sempre de forma separada.

Há certas consequências inerentes ao divórcio que não são removidas quando nos arrependemos.

Jamais devemos abandonar a esperança, mesmo no pior dos casamentos. A minha esposa, Rebecca, e eu somos amigos íntimos de um casal que tinha intenção de se divorciar por várias razões, inclusive a aparente incapacidade do marido de parar de flertar com outras mulheres e a sua propensão para tomar decisões desastradas na área financeira.

Obviamente, como ocorre em muitos casamentos, a fúria havia brotado dos dois lados em várias questões. Entretanto, antes dos documentos do divórcio serem assinados, o marido chegou à conclusão de que estava agindo de forma insensata: percebeu que ele e a esposa teriam muita coisa positiva, contanto que dessem um passo atrás e analisassem o relacionamento de forma objetiva. E o que é mais importante, as duas partes foram levadas ao arrependimento diante de Deus e se tornaram duramente honestas no modo de se comunicarem, algo que eles nunca tinham experimentado ao longo de anos. Hoje, são um exemplo de um casal feliz cujo relacionamento foi resgatado à beira de um desastre.

Jamais devemos abandonar a esperança, mesmo no pior dos casamentos.

Há milhares de exemplos vivos de casais que permaneceram juntos, acertaram as suas diferenças e estão felizes e reconciliados. Muitos casais se recuperaram de episódios de infidelidade, vícios e até mesmo de "diferenças irreconciliáveis". E se Deus quiser mostrar o seu poder mudando o seu coração e o coração do seu companheiro (a)?

Obviamente, pode haver momentos nos quais o divórcio, tragicamente, mostra-se como a única opção, especialmente quando há repetidos casos de imoralidade (sexo fora do casamento) ou abusos persistentes. Só que a maior parte das pessoas que se divorcia se lamenta da decisão tomada por muitos anos, e muitas delas passam o resto da vida recolhendo os pedaços da sua vida.

Restaurando a Plenitude de um Casamento Problemático

Como você pode chegar à plenitude de um casamento problemático? Ou, mais exatamente, como Deus pode restaurar a plenitude do nosso casamento problemático? Ele não lhe abandona no momento da necessidade. Quando Ele não transforma o seu parceiro, Ele transforma você. Um casamento problemático ou desafiador é um laboratório no qual a fidelidade de Deus pode ser vista de forma mais clara contra o pano de fundo das falhas e dos arrependimentos humanos.Você precisa convidar Deus para caminhar com você ao longo dos vales difíceis e dos túneis profundos do seu casamento. A sua fidelidade é vista não somente quando o sol está brilhando, mas também quando a escuridão envolve o seu relacionamento mais íntimo. Quanto maior a sua necessidade, maior será a graça que Deus lhe oferece.

Um casamento problemático ou desafiador é um laboratório no qual a fidelidade de Deus pode ser vista de forma mais clara.

Como deveríamos reagir a um relacionamento infeliz?

Aqui está a regra básica: *Quando você for vítima de um pecado, não peque para agredir a pessoa que lhe magoou.* Com muita frequência, os conflitos matrimoniais só pioram com as retaliações, com as maldições, com as ameaças e com as vinganças. O Novo Testamento ensina claramente que devemos evitar este tipo de reação. O próprio Jesus não retaliava, mas "entregava-se àquele que julga justamente" (1 Pe 2.23). O seu desejo era de aguardar que Deus fizesse justiça na sua situação. Os casamentos complicados são um campo de treinamento para o desenvolvimento do fruto de um caráter piedoso.

Eis aqui alguns passos que podemos dar no sentido de tirar o melhor de uma situação ruim.

Mantenha Deus no Centro

A maioria dos casais cristãos, imagino eu, ora acerca dos problemas no casamento e pode ficar decepcionado quando Deus parece não lhe responder às orações. Falando francamente, um dos motivos por que Deus parece calado é que, embora estes casais até possam ter orado, jamais chegaram a entregar inteiramente o seu casamento e o seu futuro nas mãos de Deus. Na verdade, a "oração em conjunto" pode ser uma forma de se substituir a obediência genuína. Dizer "estou orando a respeito disso" concede às suas ações um grau de respeitabilidade quando, na verdade, eles já desistiram do casamento e se recusam a receber a graça que Deus estende sobre eles no sentido de perseverarem, mesmo diante de um parceiro problemático.

Entregar a si mesmo e o seu parceiro a Deus significa muito mais que orar a respeito do problema; mas, na verdade, envolve uma entrega de si mesmo, do seu cônjuge e do seu futuro a Deus, sujeitando-se à sua vontade e ao seu propósito. Eu já aconselhei casais que resistiram a este passo por medo de que Deus lhe pedisse para fazer algo que detestariam — como, por exemplo, continuar no casamento. O que estas pessoas não percebem é que, à medida que seguimos neste processo de submeter as nossas vidas inteiramente a Deus, Ele nos concede a força necessária para seguir em obediência. Em outras palavras, Deus nos dá a força para fazermos aquilo que Ele nos ordena que seja feito. Em meio às nossas provações, Ele nos dá uma forma de escape — não do casamento, mas das armadilhas que nos tentam a abandonar o casamento — para que possamos suportá-las (1 Co 10.13).

Na nossa cultura, temos obsessão por nos definirmos pelos nossos ferimentos. Muitas pessoas que foram abusadas ou traídas anos atrás guardam as suas feridas emocionais como chagas abertas. Elas têm uma desculpa pronta para a sua raiva, para o seu desejo por controle e para as suas respostas autojustificativas; é como se os abusos do passado continuassem a ocorrer. Depois de terem sido vítimas do pecado, elas agem como se agora tivessem licença para pecar contra os outros. O seu senso exacerbado de justiça alimenta a sua raiva incessante; render-se e entregar o seu ressentimento a Deus seria subestimar a ofensa cometida contra elas.

Só que temos aqui uma verdade libertadora: a graça de Deus se estende a todos que desejam entregar o seu desejo de justiça a Ele. Quando Ele diz: "Minha é a vingança" (Dt 32.35), ele remove dos nossos ombros o peso do acerto de contas. A entrega das nossas feridas a Deus é difícil, mas não é impossível. Por intermédio da nossa disposição em recusar a retaliação e estender o perdão, recebemos "graça sobre graça" (Jo 1.16). A ferida aberta se torna uma cicatriz, porque a cura está acontecendo — e prosseguirá.

Deus nos dá a força para fazermos aquilo que Ele nos ordena que seja feito.

Examine-se a si Mesmo

Veremos agora um pouco de sabedoria que lhe ajudará através de muitas dificuldades: quando algo estiver errado no seu casamento, em vez de pensar que a culpa é do seu cônjuge, tente assumir você mesmo a responsabilidade. O seu primeiro pensamento deve ser: "eu sou o culpado"! Um dos cônjuges geralmente tem uma responsabilidade sobre a falha de um casamento, mas, raramente, a culpa é somente de um. Uma causa básica de conflitos matrimoniais é que raramente assumimos a nossa parte do problema. Como já se falou: "A capacidade de vermos a nós mesmos como nossos companheiros nos veem é um dom divino".

A graça de Deus se estende a todos que desejam entregar o seu desejo de justiça a Ele.

Faça uma procura na sua própria alma a fim de compreender a sua parte no conflito. Já conheci tanta gente que reclamou para mim acerca do seu companheiro enquanto arrastava o seu baú enorme e não reconhecido de culpa. Se você colocar um lápis em um copo -d'água, ele parecerá quebrado. De modo semelhante, a nossa percepção dos outros, e a nossa autopercepção sempre é distorcida. Enxergarmos a nós mesmos por aquilo que verdadeiramente somos é tão doloroso que muitos de nós constroem defesas elaboradas para as nossas próprias inseguranças e deficiências. A ira, o orgulho e o egoísmo fazem com que enxerguemos todas as outras pessoas (e, de modo especial, o nosso cônjuge) como uma pessoa "torta".

Às vezes, no aconselhamento, eu peço a cada uma das partes para listar os defeitos da outra. A resposta é normalmente imediata; na maioria das vezes, os dois me pedem mais papel para completar a lista! A seguir, eu lhes peço para listar as suas próprias fraquezas, para reconhecer as suas próprias falhas e pecados. A esta altura, percebo longas pausas, e eles desviam os olhos, como se não tivessem nada para colocar no papel. Pouco tempo depois, já está claro que cada um deles enxerga as falhas do outro de forma clara, mas é cego com relação às suas próprias falhas. Normalmente, por intermédio de anos de racionalização, alguns cônjuges se isolam e não se enxergam como realmente são.

A nossa percepção dos outros, e a nossa autopercepção sempre é distorcida.

As pessoas estão, às vezes, inconscientes dos seus próprios defeitos como: ira, preguiça, personalidade controladora, desperdício ou obsessões. Algumas exigem do companheiro padrões inatingíveis, contudo são imprevisíveis nas suas próprias reações. Algumas são defensivas, e jamais admitem estarem erradas. Ficam, o tempo todo, fugindo das suas profundas necessidades não resolvidas que as impedem de dar e receber amor. Uma mulher pode buscar o controle sobre o marido por meio da manipulação, do mau humor e de ameaças.

Ela pode, intencionalmente, levantar barreiras no relacionamento para que, quando ele ficar irritado, possa colocar nele a culpa da desavença. Se ela guarda ressentimentos não resolvidos, pode não ser capaz de receber o amor do seu marido e, subconscientemente, tornar impossível que ele a ame. Se ela teme a intimidade, fará tudo para que o seu casamento esteja em constante estado de conflito a fim de que possa negar o sexo ao marido.

Algumas pessoas enxergam as falhas dos outros de forma clara, mas são cegas com relação às suas próprias falhas.

O marido, por outro lado, pode se tornar passivo-agressivo, cortando, intencionalmente, a comunicação — e quando a comunicação ocorre, ele limita os seus comentários a *sim* ou *não*, ou mesmo pior, responde resmungando. Ele deseja deixar claro para a esposa e familiares que está furioso e, na sua mente, está mais do que justificado ao se recusar a suprir as suas necessidades e preocupações. Ele também pode levantar barreiras no relacionamento, por acreditar que é responsabilidade da esposa a mudança do seu comportamento e pedir perdão. A recusa à comunicação e à cooperação tem o objetivo de comunicar a todos algo como: "Fui injustiçado; estou furioso e tenho direito de estar assim, considerando a forma como fui tratado". A ideia de que ele possa ser responsável ou, pelo menos, parcialmente responsável, pelo desmantelamento do casamento jamais passa pela sua mente.

Alguns casais convivem com este tipo de negação há tanto tempo que não conseguem mais se beneficiar do aconselhamento espiritual. Toda correção é desprezada com racionalizações hostis. Às vezes, somente um acontecimento traumático os acordará para que possam enxergar-se a si mesmos com um certo grau de objetividade. Eles se tornaram defensivos por temerem a exposição do vazio e insegurança no qual vivem. Os conselheiros podem ajudar, mas eles só podem chegar até este ponto. Deus precisa abrir caminho para dentro das nossas almas a fim de que possamos ver a nós mesmos da forma como Deus nos vê sem Cristo. A harmonia matrimonial só pode começar quando oramos como Davi: "Sonda-me, ó Deus, e conhece o meu coração; prova-me e conhece os meus pensamentos. E vê se há em mim algum caminho mau e guia-me pelo caminho eterno" (Sl 139.23,24).

Aprenda a Lição do Perdão

"Tudo o que não for perdoado, não será esquecido!" Essa pequena e sábia frase é crucial quando desejamos evitar que os nossos pecados sejam transmitidos para a geração seguinte. Sem perdão, não há esperança de paz e tranquilidade nos nossos relacionamentos.

Como um capítulo posterior desta obra se concentrará no assunto de "como resolver disputas com pessoas a quem prejudicamos", aqui nos concentraremos exclusivamente na questão de como perdoar o nosso companheiro quando ele ou ela nos fez mal. As pessoas, normalmente, entram no casamento com profundas inseguranças ou problemas não identificados que dizem respeito a abandonos do passado. Para complicar um pouco, elas também podem não saber como o seu passado pode afetar os seus companheiros. Quando se casam, com efeito, elas estão dizendo: "Companheiro (a), cure as minhas feridas, mas, por favor, não encoste nelas, pois se fizer isso, vou ficar muito irritado, amargurado, crítico e você não suportará mais ficar ao meu lado". Infelizmente, a cura de uma ferida sem que ela seja mexida é o mes-

> **Alguns casais convivem com este tipo de negação há tanto tempo que não conseguem mais se beneficiar do aconselhamento espiritual.**

mo que se tentar encher o Grand Canyon com uma pá. Como convivemos com uma atitude de perdão? Mas, como não ficar irritado quando somos constantemente injustiçados? Precisamos estar seguros no conhecimento de que nós mesmos fomos perdoados e somos amados por Deus. Só essa certeza poderá nos dar um espírito perdoador. Precisamos da ajuda de Deus para agir naquilo que sabemos ser verdadeiro: o perdão é uma decisão que pode ser tomada independentemente dos nossos sentimentos.

Para que ocorra uma reconciliação verdadeira, é preciso ocorrer três coisas: (1) o perdão precisa ser tanto pedido, quanto concedido; (2) a confiança precisa ser restaurada; e (3) o respeito precisa dominar o relacionamento. Entretanto, o teste real é que, depois de perdoarmos e nos reconciliarmos, o passado não poderá mais controlar o futuro do relacionamento. Um homem me contou que anos atrás confessou à esposa que teve um caso e a esposa disse que lhe perdoava; só que toda vez que eles discutiam, ela usava aquela caso como uma espécie de "trunfo" na manga que "colocava à mesa para pôr o meu rosto na lama".

O perdão é uma decisão que pode ser tomada independentemente dos nossos sentimentos.

Deus não nos trata dessa forma. Quando confessamos os nossos pecados, Ele nos perdoa. Ficamos com as consequências, mas não com a culpa, nem com a consciência torturada. Uma pessoa me disse as seguintes palavras a respeito de um casal, logo após uma discussão: "Eles enterraram o machado, mas a cova era rasa e sinalizada". E o caminho para o local era, sem dúvida, visível.

E quando o nosso companheiro nos engana e não pede perdão? Precisamos buscar ajuda para o relacionamento, mas, neste ínterim, precisamos viver fielmente, tal como Deus permanece fiel a nós, independentemente de reconhecermos o pecado nas nossas vidas. Não podemos mudar o coração, ou o comportamento do nosso companheiro,

Depois de perdoarmos e nos reconciliarmos, o passado não poderá mais controlar o futuro.

mas Deus pode fazer isso — e, às vezes, Ele faz isso quando lhe pedimos para mudar primeiro o *nosso*. Sem subestimar o tamanho da dor provocada por aqueles que se recusam a confessar com franqueza as suas falhas, talvez tenhamos que conviver com questões não resolvidas. Leia esta observação comovente feita por Reinhold Niebuhr:

> O amor perdoador somente é uma possibilidade para aqueles que sabem que não são bons, que sentem que necessitam da misericórdia divina, que vivem em uma dimensão mais profunda e mais elevada do que do Idealismo Moral, que sentem que tanto eles quanto os seus companheiros são culpados de pecar contra um Deus Santo e sabem que as diferenças entre os homens bons e os ruins são insignificantes aos seus olhos.[3]

O perdão — especialmente quando este não é pedido pela pessoa que precisa dele — é difícil e requer uma graça extra. Este perdão, em si mesmo, não traz a verdadeira reconciliação, mas traz uma boa medida de paz para um casamento conturbado. Pela graça de Deus, Ele pode se tornar uma ponte que, em determinado momento, voltará a unir marido e esposa.

Quando um casamento vai mal, a nossa primeira pergunta não deveria ser: "Como saio dessa enrascada e fujo de futuros sofrimentos"?, mas sim: "Como posso levar glória a Deus por intermédio dessa experiência dolorosa"? Deus pode nos ajudar a evitar tempestades matrimoniais, mas, às vezes, Ele somente caminha ao nosso lado em meio à tempestade. No processo, desenvolvemos perseverança, paciência e fé.

O Prêmio da Perseverança

James Fraser, um pastor escocês que viveu no século XVIII, foi conhecido por ter uma esposa muito teimosa. Ao voltar para casa, no fim da tarde, ele ia diretamente para o seu escritório, evitando passar pelo ambiente onde a esposa estava para não ser verbalmente agredido. A sua esposa controlava o azeite da lamparina e o carvão da lareira e não permitia que ele a acendesse para se aquecer e aquecer o escritório. Durante o inverno, em função do frio excessivo da Escócia, ele caminhava sem parar no seu escritório escuro com as mãos estendidas à frente do corpo. Depois da sua morte, foram encontradas marcas no gesso nos locais onde as suas mãos batiam durante a sua rotina noturna.

Este perdão, em si mesmo, não traz a verdadeira reconciliação, mas traz uma boa medida de paz para um casamento

Quando os outros pastores elogiavam as suas esposas, ele entrava junto na conversa, dizendo: "A minha esposa tem sido melhor para mim do que as esposas de vocês todas juntas... ela tem me levado a ficar de joelhos sete vezes por dia, e isso é mais do que qualquer uma das suas esposas tem feito por vocês!". Fraser aproveitou ao máximo um casamento problemático. Ele percebeu que toda dificuldade gera alguns benefícios, se reagirmos a ela da forma adequada. Ele sabia que os problemas têm um efeito purificador e que o sofrimento no casamento faz parte deste processo de refino.

Se você estiver casado com um problema, reivindique para si esta promessa: "Oferece a Deus sacrifício de louvor e paga ao Altíssimo os teus votos. E invoca-me no dia da angústia; eu te livrarei, e tu me glorificarás" (Sl 50.14,15).

Uma Oração

Pai, quero te entregar o meu casamento hoje; transfiro para as tuas mãos capazes todas as cargas que vieram junto com os meus votos. Ajuda-me a perceber que eu não posso mudar o (a) meu (minha) companheiro (a), mas que tu o podes. Entrego o meu cônjuge a ti, crendo que tu és capaz de fazer aquilo que eu não consigo. Ajuda-me a parar de criticar, manipular e julgar o meu parceiro, e a mostrar amor e tolerância. Transforma os meus lamentos em bênçãos e o nosso passado doloroso em razões para te render louvores.

4

Quando Você Atravessou uma Fronteira Moral

O seu segredo vem a público

Davi é o último homem do qual esperaríamos um tropeço deste tipo. Ele cometeu adultério com a esposa de outro homem e, depois, assassinou o seu marido para esconder o ato. Embora tenha tomado a sua decisão egoísta na privacidade da sua própria casa, o seu juízo errôneo teve consequências pessoais e públicas de longo alcance. Ele fez com que uma mulher, cuja aliança correta havia sido feita com o seu marido, transgredisse, e ambos tiveram que lidar com uma gravidez indesejada. Ele perdeu a sua autoridade moral sobre a vida dos filhos e, depois, passou o resto da vida assistindo o esfacelamento da sua família e do seu reino. Contudo, apesar das consequências terríveis do pecado de Davi, Deus encontrou uma forma de extrair o melhor daquela decisão desastrada do rei.

Este capítulo foi escrito para um amigo meu cuja neta de quinze anos teve um bebê com um rapaz com idade um pouco superior à dela. Ele também foi escrito para todos os que descobriram — talvez para a própria decepção — que até mesmo um único encontro sexual ilícito pode gerar um número incontável de consequências inesperadas. Além disso, foi escrito para toda pessoa que incorreu em pecado sexual e agora está em dúvida se Deus pode ou não perdoá-la e trazer redenção e arrependimento à sua situação.

Todo ser humano é uma criatura sexual. É impossível fazer uma estimativa da quantidade de energia e esforços despendidos diariamente por pessoas que fantasiam a respeito da sua sexualidade. Vivemos em uma cultura saturada pelo sexo, que ridiculariza a castidade antes do casamento como se ela fosse um vestígio de uma era de repressão que há muito já passou. Até mesmo a ideia do relacionamento na forma do compromisso entre um homem e uma mulher é considerado excessivamente restritiva. Milhões de pessoas acabam descobrindo tarde demais que havia boas razões para guardarem a sua virgindade até o casamento e para serem fiéis a um único parceiro "até que a morte os separasse". Só que, nos dias de hoje, muitas pessoas repetem para si mesmas que o sexo fora do casamento não pode ser errado, se o relacionamento extraconjugal for belo e gratificante — ou, caso elas tenham encontrado a sua "alma gêmea". Todos somos tentados a acreditar nesse tipo de mentira por causa da força e da inexorabilidade dos nossos desejos. A mente humana tem a capacidade de racionalizar qualquer coisa que o coração desejar.

Até mesmo um único encontro sexual ilícito pode gerar um número incontável de consequências inesperadas.

O rei Davi tinha cerca de quarenta e sete anos de idade quando seguiu por um caminho que o assombraria pelo resta da sua vida. Na verdade, creio que teria sido melhor se ele tivesse morrido um ano antes dos desdobramentos desta história.

As lembranças que temos dele como líder, como rei, como homem "segundo o coração de Deus" não teriam incluído a mancha negra que marcou o seu legado, outrora tão digno. Só que, por outro lado, existe uma grande razão por que podemos ser gratos à falha de Davi: nós vemos que Deus pode extrair o melhor de uma péssima decisão.

Você conhece a história, registrada em 2 Samuel 11. Davi estava em casa, quando deveria estar encabeçando o seu exército nos campos de batalha. Um dia ele acordou do seu descanso no terraço do seu palácio e olhou para o outro lado da rua onde uma bela mulher estava tomando o seu banho vespertino. O sangue de Davi ferveu e ele, imediatamente, planejou tomar aquela mulher para si. No calor da paixão, ele deixou de lado a sua preocupação com a própria integridade, com a sua autoridade moral e com a sua família — isso sem mencionar a sua responsabilidade sobre Bate-Seba e a sua família. A sua concentração em uma única coisa, que era objeto do seu desejo naquele momento, bloqueou tudo o mais que ele tinha na mente.

A mente humana tem a capacidade de racionalizar qualquer coisa que o coração desejar.

Os Passos que Levam à Falha Moral

A espiral descendente de Davi é consistente com um modelo familiar seguido por muitos que caíram em pecado sexual.

Em primeiro lugar, ele *viu* uma mulher.

"E aconteceu, à hora da tarde, que Davi se levantou do seu leito, e andava passeando no terraço da casa real, e viu do terraço a uma mulher que se estava lavando; e era esta mulher mui formosa à vista." (2 Sm 11.2). Os seus desejos sexuais foram rapidamente despertados enquanto ele observava aquela bela silhueta feminina. Ele viu, depois fixou o olhar; observou e, depois, ficou obcecado. Ele criou na sua própria mente um cenário que, em breve, ele trataria de tornar real.

Deveríamos fazer uma pausa considerável a fim de ponderar a respeito daquilo que Davi *não viu.* Ele não viu a vergonha que, em certo momento, sobrevir-lhe-ia; não anteviu que os seus quatro filhos seriam, muito em breve, destruídos por causa do seu plano. Ele não previu a desintegração do seu reino. Como as coisas teriam sido diferentes se Davi tivesse sido capaz de prever as consequências ocultas que, ao final, acabariam vindo à tona para destruir tudo que era importante para ele. Contudo, por ora, tudo o que importava mesmo era a euforia do momento presente. Ele não se rebelou conscientemente contra Deus quando planejou o relacionamento com Bate-Seba: ele simplesmente ignorou Deus por um momento.

A sua concentração em uma única coisa, que era objeto do seu desejo naquele momento, bloqueou tudo o mais que ele tinha na mente.

Davi não estava pensando: "Eu odeio Deus e os seus mandamentos!". Nestes momentos, a nossa mente não está cheia de ódio para com Deus, ela simplesmente se esquece dEle. Como me disse um homem que embarcou em uma aventura semelhante: "Hoje vou me divertir, amanhã eu cuido destas questões com Deus e com o Diabo". A excitação provocada pelo momento nos tenta a desligar todo tipo de julgamento racional. Passamos a *sentir* e deixamos de *pensar.*

Nestes momentos, a nossa mente não está cheia de ódio para com Deus, ela simplesmente se esquece dEle.

Imagine o final diferente que esta história teria se Davi tivesse orado: "Deus, quero te agradecer por ter criado uma mulher assim tão bonita. Sei que ela pertence a outro homem. E, Deus, também quero te agradecer por todas as belas mulheres que tu me deste; obrigado pelos meus filhos e pelas muitas bênçãos que me concedeste sem que eu as merecesse. Tu tens sido tão bom para comigo; por favor, faça com que eu esteja satisfeito com aquilo que tu já me deste". E, com isso, ele deveria ter virado as costas e entrado novamente no seu palácio.

Só que, em vez disso, Davi levantou âncora e seguiu por um rio cuja correnteza e profundidade eram cada vez maiores. Depois de uma curva havia uma queda assassina, mas Davi não conseguia enxergá-la do ponto em que ele iniciou a sua viagem perigosa. Em pouco tempo, a velocidade e o embalo do seu barco estaria fora de controle. Não haveria mais como pará-lo, depois de ter ouvido mais aos sentimentos do que à razão.

Tudo começou quando Davi *viu*. A seguir Davi *enviou*.

"E enviou Davi e perguntou por aquela mulher" (2 Sm 11.3). Você não teria curiosidade de saber o que ele disse aos seus servos quando lhes enviou para "perguntar" por aquela mulher? Talvez as suas palavras fossem algo como: "Você sabes, eu já moro neste bairro há bastante tempo. Ocorreu-me, neste momento, que não conheço muito bem os meus vizinhos. Gostaria de saber se vocês poderiam descobrir para mim quem mora naquela casa ali, porque talvez um dia a gente queira fazer uma festa com os moradores de toda a quadra e preciso saber quem convidar".

Muito provavelmente Davi mentiu acerca das suas intenções. Uma pessoa que comete pecado sexual já predispôs a sua mente à mentira — e por que não?

Não haveria mais como pará-lo, depois de ter ouvido mais aos sentimentos do que à razão.

Quando você decide trair o seu cônjuge e se lançar à imoralidade, uma mentira parece trivial, quando comparada ao ato em si. Depois de quebrar um dos mandamentos, a quebra de outro parece fácil e, possivelmente, até algo *correto*. A ocultação do nosso pecado envolve a fraude, e a fraude envolve a mentira.

Davi *viu*.
Davi *enviou*.
Davi *tomou*.

"Então, enviou Davi mensageiros e a mandou trazer; e, entrando ela a ele, se deitou com ela" (2 Sm 11.4). Ficamos curiosos para saber se Bate-Seba cedeu às investidas do rei por causa do prestígio de ser atraente perante a realeza ou por se sentir obrigada a obedecer ao rei; sem dúvida, a sua expectativa era de que tudo o que o rei desejasse, ele deveria receber. Ou, talvez ela pensasse: "Finalmente, encontrei a minha alma gêmea; o meu marido Urias passa a maior parte do seu tempo no exército, por isso fomos nos separando".

Podemos imaginar que o coração e a mente de Davi estavam em conflito. Podemos supor que ele sentiu tanto a euforia da atração sexual quanto a apreensão de saber que estava prestes a fazer algo que jamais teria tolerado da parte de qualquer um dos seus servos. Depois de se deitar com Bate-Seba, Davi, provavelmente, pensou que tudo não passaria de um caso de uma só noite. Ele poderia retornar para a sua casa e tudo estaria bem. Se houvesse suspeitas, seria a palavra do rei contra a do denunciante.

Quando você decide trair o seu cônjuge e se lançar à imoralidade, uma mentira parece trivial, quando comparada ao ato em si.

Entretanto, os relacionamentos ilícitos nunca são tão compartimentalizados quanto esperamos que o sejam. De certa forma, o pecado sexual sempre tem consequências indesejadas, e os efeitos respingam nos outros relacionamentos e em outras áreas da vida. Tal como Eva, que enxergou somente o fruto da árvore proibida e não os seus efeitos deletérios, Davi e Bate-Seba possivelmente pensaram que depois do seu encontro amoroso, o seu relacionamento terminaria tão rapidamente quanto começou. Só que as coisas não foram assim. E nunca é assim.

Suponhamos que Bate-Seba não tivesse ficado grávida. Será que ela e Davi seriam capazes de "conviver" com aquele encontro secreto? Eles

Os relacionamentos ilícitos nunca são tão compartimentalizados quanto esperamos que o sejam.

poderiam ter evitado a necessidade de encobrir aquele pecado, mas, de forma alguma, as suas vidas teriam retornado ao normal sem outras consequências.

Antes de tudo, teriam que conviver com a culpa pessoal; teriam sentimentos que não poderiam, simplesmente, ser ignorados ou desconhecidos. Sobretudo, eles sentiriam medo — a suspeita de que outras pessoas já soubessem do ocorrido.

Em segundo lugar, ambos teriam que manter aquele segredo diante dos seus cônjuges. Isso pode ter sido mais fácil para Davi, que tinha muitas esposas, do que para Bate-Seba, que tinha somente um marido. Quando Urias retornasse da batalha, ela teria que recorrer à mentira, fingindo-se de mulher que guardara a sua castidade na sua ausência.

E mais, Davi e Bate-Seba, provavelmente, teriam continuado com o seu caso secreto. Depois de experimentar a unidade que surge a partir de uma relação sexual, eles teriam razões fortes para manter a conexão e recriar a euforia gerada pela primeira noite juntos. Depois que se cruza as fronteiras, é fácil se incorrer no mesmo erro. Só que, agora, Bate-Seba estava grávida, um problema que precisava ser administrado. Se aquilo tivesse ocorrido nos dias de hoje, ela poderia ter recorrido ao expediente de um aborto secreto. Só que esta não era uma opção existente naquela época. Portanto, agora, havia uma terceira pessoa envolvida naquele relacionamento. Este bebê mudaria tudo. Quando Bate-Seba comunicou a notícia da sua gravidez a Davi, ele sabia que estavam diante de uma situação difícil que precisava ser solucionada.

O Acobertamento

Quando o nosso pecado corre o risco de ser revelado, normalmente recorremos a formas elaboradas de acobertamento em um esforço para manter os nossos deslizes em segredo e evitar as suas consequências. E com Davi não era diferente — embora não tenhamos evidências de que Bate-Seba sequer soubesse dos planos de Davi.

O plano A era trazer Urias de volta do campo de batalha e fazê-lo ir para a cama com a esposa. Ele parecia um plano infalível. Depois de semanas ou meses de abstinência, qual marido não desejaria "tirar o atrasado" com a sua esposa? Se Urias se deitasse com Bate-Seba e ela, posteriormente, aparecesse grávida, aquela teria sido uma jogada de mestre. Davi chegou, inclusive, a dar alguns presentes a Urias, evidentemente, na esperança de acender nele o romance com a sua bela esposa.

Só que Urias era um soldado tão valoroso que se recusou a desfrutar do conforto da sua casa num momento em que os seus companheiros estavam no campo de batalha. Em vez disso, dormiu na parte externa do palácio do rei e nem, ao menos, chegou a ir para casa a fim de ver a sua esposa.

Quando o nosso pecado corre o risco de ser revelado, normalmente recorremos a formas elaboradas de acobertamento.

Portanto, o plano A falhou.

Davi, então, planejou fazer com que Urias ficasse embebedado, pensando que isso lhe faria esquecer a sua lealdade com os seus companheiros soldados. Só que, como já foi dito, até mesmo bêbado Urias tinha mais caráter que Davi sóbrio. Ele voltou a se recusar a ir para casa ficar com a sua mulher e, novamente, dormiu na parte externa do palácio.

Vamos fazer uma pausa e analisar: o que Davi deveria ter feito desde o princípio, quando teve que enfrentar aquela situação? Ele deveria ter chamado Urias no seu palácio e confessado: "Urias, a sua esposa está grávida e eu sou o pai da criança", e eles poderiam ter discutido questões de custódia e outros assuntos afins. É claro que a conversa deles não teria sido fácil, mas, sem dúvida, seria melhor do que o cenário que agora se apresentava. Davi optou pelo que, inicialmente, parecia ser um caminho mais fácil; mas se ele tivesse confessado o seu pecado e tomado esse remédio amargo logo no início, não precisaria lidar com os sofrimentos maiores que o acobertamento acabou lhe trazendo.

Pense por um momento acerca do que teria ocorrido se o ex-presidente dos Estados Unidos Bill Clinton tivesse admitido o seu caso com Mônica Lewinski de modo imediato, em vez de mentir sobre o caso sob juramento e prolongar a investigação e a sua própria vergonha. A verdade — apesar de embaraçosa — sempre tem mais valia do que a fraude.

O que Davi deveria ter feito desde o princípio, quando teve que enfrentar aquela situação?

Quando o plano A e o plano B foram por água abaixo, Davi raciocinou que, em certas horas, um homem tem que fazer o que um homem tem que fazer. Toda vez que começamos a seguir pela rua da fraude e tentamos encobrir o nosso pecado, os riscos, inevitavelmente, vão crescendo. Há momentos em que a carreira e a reputação parecem mais importantes do que a nossa integridade. No caso de Davi, com o poder e a autoridade do reino à sua disposição, este crescimento, em pouco tempo, fugiaria ao controle. Ele enviou Urias de volta ao campo de batalha com uma carta ao seu comandante, Joabe, que dizia: "Ponde Urias na frente da maior força da peleja; e retirai-vos de detrás dele, para que seja ferido e morra" (2 Sm 11.15).

Quando o mensageiro chegou até o palácio para informar acerca da morte de Urias, Davi lhe disse: "Assim dirás a Joabe: Não te pareça isso mal aos teus olhos; pois a espada tanto consome este como aquele; esforça a tua peleja contra a cidade e a derrota; esforça-o tu assim" (2 Sm 11.25). Com efeito, Davi estava dizendo: "A vida é dura. Às vezes ganhamos, às vezes perdemos, mas não permita que a morte de um soldado o abale, porque eu não ficarei abalado com isso". Outra consequência do acobertamento do pecado é que ele tende a cauterizar a consciência, endurecendo o nosso coração diante

Toda vez que começamos a seguir pela rua da fraude e tentamos encobrir o nosso pecado, os riscos, inevitavelmente, vão crescendo.

daquilo que é bom, verdadeiro e nobre. De que outra forma Davi responderia a tamanha insensibilidade?

A esta altura, façamos uma pausa por um instante para fazer uma pergunta: qual a real eficiência deste acobertamento? Davi conhecia a verdade, Bate-Seba conhecia a verdade, Joabe conhecia a verdade — e o povo de Jerusalém, em breve, também conheceria a verdade (ela seria revelada dali a nove meses). Além disso, o profeta Natã estava prestes a descobrir a verdade, já que, por mais abominável que pareça, *Deus* também conhece a verdade.

Observe como o capítulo termina: "Porém essa coisa que Davi fez pareceu mal aos olhos do Senhor" (2 Sm 11.27).

Davi fingiu que o acobertamento feito por ele estava funcionando; e caso não estivesse funcionando, pouco lhe importava. Ele aprendeu a anular a sua consciência perturbada por causa da sua reputação pessoal e por um suposto bem do seu país.

O acobertamento do pecado tende a cauterizar a consciência, endurecendo o nosso coração diante daquilo que é bom, verdadeiro e nobre.

Às vezes tudo o que desejamos é sufocar aquela incômoda voz interior. Porém, Deus, amava muito Davi a ponto de deixá-lo sair impune desta situação, enviou um profeta para lhe acordar para a realidade. E Deus também lhe ama muito para lhe deixar impune nos seus pecados.

O Coração de Davi É Revelado

O profeta Natã fez uso de uma história simples — com uma mensagem poderosa — para chamar a atenção de Davi (vide 2 Samuel 12). Na história, um viajante vem visitar um homem rico que tem muitas ovelhas e gado; e este homem rico, em vez de matar um dos seus animais para alimentar o viajante, toma uma única cordeirinha que era tudo o que tinha um homem pobre, seu vizinho.

Ao ouvir o que aconteceu, Davi ficou enrubescido de ira e declarou: "Então, o furor de Davi se acendeu em grande maneira contra aquele homem, e disse a Natã: "Vive o Senhor, que digno de morte é o homem que fez isso. E pela cordeira tornará a dar o quadruplicado, porque fez tal coisa e porque não se compadeceu" (2 Sm 12.5,6).

Inconscientemente, Davi havia armado a armadilha para pegar a si mesmo. Natã respondeu com uma flechada verbal direcionada ao coração do rei: "*Tu* és este homem"! (2 Sm 12.7, grifo acrescentado). Davi era o homem rico da história, o homem com prestígio e todas as suas esposas, mesmo assim roubou a única mulher do seu amigo, Urias! E, o que é ainda mais grave, acobertou o seu roubo com um assassinato.

Davi deveria ter reconhecido a si mesmo na história de Natã e dito: "Foi exatamente isso que eu fiz — só que roubei a mulher de um homem, logo, o meu pecado é ainda mais grave"! Contudo, ele estava tão fixado na sua autojustificação que exacerbou o pecado de outro homem e subestimou o seu próprio pecado. Fazendo uso da analogia utilizada por Jesus em Mateus 7.3-5, Davi, na verdade, acreditava que a trave no seu olho pertencia a outra pessoa. É fácil nos incomodarmos com o pecado alheio, e não darmos muita importância ao nosso próprio pecado.

Davi estava tão fixado na sua autojustificação que exacerbou o pecado de outro homem e subestimou o seu próprio pecado.

Davi afirmou que aquele homem deveria pagar quatro vezes mais o dano causado, e Deus utilizou as palavras de Davi contra ele mesmo. Como resultado de um conflito posterior na família de Davi, quatro dos seus filhos foram mortos. Além disso, o filho gestado por Bate-Seba também morreu. Como disse Jesus: "Não julgueis, para que não sejais julgados, porque com o juízo com que julgardes sereis julgados, e com a medida com que tiverdes medido vos hão de medir a vós" (Mt 7.1,2).

Deus também disse que o que Davi havia feito às ocultas — o deitar-se com a mulher de outro homem — seria feito com as suas mulheres em plena luz do dia. Em cumprimento a esta profecia, o filho favorito de Davi, Absalão, posteriormente, tomou as mulheres de Davi e se deitou com elas em um terraço, à vista de todo Israel.

Que tremenda bagunça!

Minimizando as Consequências de uma Decisão Imoral

A esta altura você, sem dúvida, deve estar pensando: *Não vejo a graça de Deus nesta história, somente juízo; o que ela tem de bom a transmitir? Onde está a esperança? Onde está o alento de que Deus fará algo positivo a partir dessa bagunça?*

Esta situação complicada de Davi me faz lembrar de uma situação que vivi muitos anos atrás e que, no fim das contas, acabou tendo um efeito libertador. Um pastor que conheci teve que pedir afastamento do cargo que exercia na igreja em razão de um caso amoroso. O que tornou a notícia ainda mais devastadora não foi somente o fato de ele ter mantido um relacionamento sexual com a mulher de outro homem, mas de ela ter engravidado. Por incrível que pareça, o casamento do pastor não se desfez, mas o marido da mulher que engravidou se divorciou dela.

Esta tragédia já era uma memória distante na minha mente quando, certa vez, eu estava numa ligação telefônica com um homem que havia nascido como resultado de um destes relacionamentos sexuais extraconjugais. Agora, passados trinta e cinco anos, ele me contou a história de como fora criado pela sua mãe biológica, com a ajuda do seu pai e da sua "madrasta". Desde aquela época, ele se casou com uma moça cristã e, juntos, eles estavam constituindo uma família cristã e servindo ao Senhor.

Onde está o alento de que Deus fará algo positivo a partir dessa bagunça?

Quando ouvi a história, a única coisa que consegui fazer foi agradecer a Deus por, normalmente, promover o bem a partir de situações de pecado. Na hora em que o mundo parece ter desmoronado, não conseguimos enxergar nenhum bem possível na situação; mas se nos arrependermos e dermos tempo a Deus, não fazemos ideia do que Ele pode fazer a partir da desordem que criamos. Fico curioso para saber o que Deus poderia ter feito na situação de Davi se ele tivesse se purificado imediatamente em vez de tentar resolver as coisas por meio de suas próprias mãos.

Se confiarmos nEle, Deus nos surpreenderá com a amplitude do seu perdão e da sua graça. Ao final, Ele acabou usando o juízo errado de Davi para um fim nobre. Muito do que se perdeu jamais seria recuperado, mas uma parte do passado seria redimida.

A Graça do Perdão

Depois de reconhecer o seu pecado, Davi escreveu as belas palavras citadas no capítulo 1: "Bem-aventurado aquele cuja transgressão é perdoada, e cujo pecado é coberto!". (Sl 32.1). Davi jamais poderia retornar ao primeiro estágio; nunca poderia reviver o momento da fatídica decisão tomada naquele terraço. Porém, mesmo que o passado não pudesse ser modificado, ele poderia ser coberto por Deus. "Ainda que os vossos pecados sejam como a escarlata, eles se tornarão brancos como a neve; ainda que sejam vermelhos como o carmesim, se tornarão como a branca lã" (Is 1.18).

Se confiarmos nEle, Deus nos surpreenderá com a amplitude do seu perdão e da sua graça.

Naquele que foi um sermão realmente comovente, o famoso pregador inglês Charles Spurgeon ilustrou até onde Deus irá para cobrir os nossos pecados:

> O homem amontoa uma pilha de pecados, mas Deus o alcança e levanta uma montanha ainda mais imponente de graça; o homem ajunta uma montanha ainda maior de pecados, e o Senhor a sobrepuja com graça dez vezes maior; e assim a disputa continua até que, finalmente, o Deus Todo-Poderoso arranca as montanhas pelas suas raízes e sepulta o pecado do homem debaixo delas como quem enterra uma mosca embaixo de um pico nevado. A abundância de pecados não é páreo para a superabundante graça de Deus.[1]

Deus não esfregaria o nariz de Davi no pó. Ele não ficaria lembrando Davi constantemente daquilo que fez e da sua dívida para com Ele por causa do perdão concedido. Davi continuaria se lembrando do seu pecado, mas ele não estaria mais na mente de Deus. Deus diz: "Desfaço as tuas transgressões como a névoa, e os teus pecados, como a nuvem" (Is 44.22).

Um homem estava caminhando em uma longa extensão de praia e, ao olhar para trás, ficou maravilhado de como o seu trajeto havia sido torto. *Exatamente como a minha vida*, pensou ele. *Todo passo é torto*. Horas depois, quando caminhou de volta para o seu alojamento, descobriu que não havia mais nenhuma marca das suas pegadas. A maré havia subido e apagado todas as marcas que ficaram na areia. A areia limpa e levemente umedecida diante dele lhe serviram de lembrete de que não deveria deixar com que o seu passado controlasse o seu futuro. A maré viera e levara as suas pegadas tortas para lhe mostrar que ele tinha uma segunda chance.

"Desfaço as tuas transgressões como a névoa, e os teus pecados, como a nuvem" (Is 44.22).

O profeta Miqueias utiliza as seguintes palavras numa situação similar: "Tornará a apiedar-se de nós, subjugará as nossas iniquidades e lançará todos os nossos pecados nas profundezas do mar" (Mq 7.19). Em outras palavras, Deus lança os nossos pecados nas profundezas do mar e, além disso, coloca uma placa avisando: PROIBIDO PESCAR.

O perdão é sempre a primeira bênção no caminho da nossa restauração.

O Dom da Alegria

Sem dúvida, enquanto Davi esteve tentando acobertar o seu pecado, estava "sentindo falta de Deus". Tenha em mente que Davi é o mesmo homem que escreveu a maior parte dos Salmos, o homem que disse que ansiava por Deus como a corça anseia pelos ribeiros. Ele desejava ter de volta a alegria que um dia sentira. Por isso, quando confessou o seu pecado, ele acrescentou: "Faze-me ouvir júbilo e alegria, para que gozem os ossos que tu quebraste" (Sl 51.8); e outra vez: "Torna a dar-me a alegria da tua salvação e sustém-me com um espírito voluntário" (Sl 51.12). Apesar do rastro deixado pelo seu pecado e pelas suas consequências inevitáveis, a sua alegria estava de volta.

O perdão é sempre a primeira bênção no caminho da nossa restauração.

Muitas pessoas que cometem pecado sexual confessam e se arrependem do seu pecado, mas não se permitem o retorno da alegria. Elas acreditam que, como parte da sua disciplina, precisam continuar a chafurdar na lama espiritual provocada pelo seu pecado e pela perda causada por ele. Só que tão logo Davi tratou profundamente o seu pecado, ele voltou a desfrutar da presença de Deus, uma experiência que sempre nos traz alegria.

Por favor, tenha em mente que o pedido de alegria feito por Davi não subestima os males que causou à sua família. Ele não estava sentindo uma alegria frívola, ao assistir a desintegração da sua família. Se você já leu o restante da história, sabe que a sua dor pessoal foi profunda e duradoura. Porém — e isso é importante — mesmo quando trazemos angústia para nós e para os outros, quando sabemos no mais íntimo do nosso ser que fomos perdoados, a sensação da presença de Deus retorna a nós. Há uma alegria que supera a angústia do sofrimento.

Muitas pessoas que cometem pecado sexual confessam e se arrependem, mas não se permitem o retorno da alegria.

Precisamos parar e pensar em todas as implicações disso: Davi se alegrou no perdão de Deus, apesar das consequências do seu pecado continuarem em ação. O seu arrependimento não poderia trazer Urias de volta à vida; todas as lágrimas que ele derramasse jamais poderiam trazer de volta o bebê ou a pureza de Bate-Seba de volta. Davi não podia fazer mais nada para evitar a terrível destruição que a sua família haveria de enfrentar por causa do seu pecado. Mesmo assim, ele poderia voltar a cantar.

Por que Davi poderia se alegrar, mesmo estando debaixo da disciplina de Deus? A culpa nos conduz a Deus, mas depois de sermos perdoados, ela não faz mais parte da disciplina de Deus. As consequências são parte da disciplina de Deus, mas não a culpa. Depois da culpa ser perdoada, ela desaparece; a consciência pode ser aliviada. Em outras palavras, Deus traz aceitação e paz para o nosso mundo interior, mesmo quando o nosso mundo exterior está fugindo do nosso controle.

> **Deus traz aceitação e paz para o nosso mundo interior, mesmo quando o nosso mundo interior está fugindo do nosso controle.**

O Dom de Salomão

Conforme Deus havia predito, o filho que Bate-Seba deu a Davi morreu. Porém, agora que Bate-Seba, também era uma viúva (graças aos atos malignos de Davi, obviamente), lemos: "Então, consolou Davi a Bate-Seba, sua mulher, e entrou a ela, e se deitou com ela; e teve ela um filho, e chamou o seu nome Salomão" (2 Sm 12.24). No hebraico, o nome da criança soa parecido com *shalom*, que significa "paz". Talvez Davi tenha pensado: Este pequeno bebê será chamado de "pacífico". Com a família se desmanchando ao seu redor, ele precisava de um pouco de paz.

Salomão é um belo nome, com certeza, mas Natã, o mesmo profeta que trouxe a Davi a mensagem de juízo, disse que Deus tinha um nome diferente para aquele bebê. O próprio Deus deu ao menino o nome de Jedidias, que significa "amado do Senhor".

Mas, por que Deus deu a Salomão outro nome? Porque Deus tinha um amor especial por este filho de Davi. Na verdade, quanto a Salomão, lemos na Bíblia: "e o Senhor o amou" (2 Sm 12.24). Por isso, Deus deu a Salomão um nome que expressava o favor divino. Deus quis deixar claro que havia colocado o seu amor sobre aquele bebê — um filho que, a rigor, nem deveria ter nascido.

Quando Salomão se tornou um homem, ele ouviu a voz do Senhor lhe dizer que receberia uma missão do Todo-Poderoso. Ele construiria um Templo para Deus, e este seria a estrutura mais magnífica já construída até aquela época. Salomão recebeu a oportunidade de edificar a casa de Deus, um privilégio que fora negado ao seu renomado pai, Davi. Quatro dos filhos de Davi foram mortos como resultado de rixas familiares; mas este filho, nascido de uma mulher que jamais deveria ter sido esposa de Davi — sim, *este* filho — seria abençoado.

Mas não é só isso.

Salomão, o homem cujo nascimento é fruto de um relacionamento que começou com um ato de adultério que, por sua vez, provocou um assassinato cruel, acabaria escrevendo a maior parte de um dos livros da Bíblia. Salomão pediu a Deus sabedoria, e a resposta de Deus foi muito além dos seus melhores sonhos. E disse três mil provérbios, segundo lemos, "e foram os seus cânticos mil e cinco" (1 Rs 4.32). Apesar de a vida de Salomão ter terminado em graves comprometimentos nas áreas moral e espiritual, continuamos nos beneficiando da sua sabedoria quando lemos pérolas de sabedoria como esta: "O temor do SENHOR é o princípio da ciência; os loucos desprezam a sabedoria e a instrução" (Pv 1.7).

Salomão recebeu a oportunidade de edificar a casa de Deus, um privilégio que fora negado ao seu renomado pai.

Não obstante os erros cometidos por Salomão e pelo seu famoso pai, o seu impacto positivo perdura por três mil anos. O juízo é temperado pela graça.

A Bênção de uma Linhagem

Finalmente, tanto Bate-Seba quanto Salomão aparecem na linhagem de Jesus Cristo. Na verdade, o registro da sua genealogia inclui não somente Bate-Seba, mas também Tamar e Raabe, duas outras mulheres cujas vidas foram marcadas pela má reputação. Tamar se mascarou como uma prostituta e seduziu o seu padrasto, Judá, depois de ele falhar no cumprimento de um voto. Raabe, obviamente, era uma prostituta de Jericó, que ajudou os espias enviados por Josué. No caso de Bate-Seba, Mateus diz: "E o rei Davi gerou a Salomão *da que foi mulher de Urias*" (Mt 1.6, grifo acrescentado), lembrando-nos do relacionamento pecaminoso pelo qual Davi tomou a esposa de um outro homem. E, contudo, essas pessoas problemáticas estão listadas junto às "grandes personalidades" do Antigo Testamento, e permanecem como um monumento à graça de Deus.

Apesar de a vida de Salomão ter terminado em graves comprometimentos nas áreas moral e espiritual, continuamos nos beneficiando da sua sabedoria.

Em um voo de três horas, fui sentado ao lado de um homem hindu bem vestido, educado e bem-sucedido. Conversamos sobre o Hinduísmo e o Cristianismo, e as diferenças entre as duas religiões. Sobre o carma, ele disse: "Se você está sofrendo hoje, é porque na vida anterior você fez algo de errado". E acrescentou: "O carma significa que todos recebem exatamente o que merecem". Eu respondi que estava feliz pelo carma estar equivocado!

"Graças a Jesus, nós não recebemos o que merecemos" — disse eu. "Ao morrer na cruz, Jesus levou sobre si aquilo que Ele não merecia — ou seja, o nosso pecado. Quando confiamos nEle, recebemos o que não merecemos — ou seja, o seu perdão e a sua justiça". Davi recebeu a misericórdia que não merecia, e o mesmo acontece comigo e com você.

Os Primeiros Passos

Se você estiver passando por uma situação difícil como a de Davi, o que fará?

Em primeiro lugar, corra — e não, simplesmente, caminhe — para Deus em busca de socorro, de consolo e de perdão. Seja tão honesto quanto Davi foi ao confessar o seu pecado, e apresente-se diante de Deus sem autojustificações ou desculpas. Leia o Salmo 51, que é a oração de confissão de Davi. Você ficará espantado com a profunda sinceridade do seu arrependimento e da sua aceitação da graça de Deus. Faça com que as palavras de Davi sejam as suas.

Em segundo lugar, encontre uma pessoa que possa lhe ajudar, alguém que possa lhe dar bons conselhos a respeito dos seus próximos passos. Você talvez precise se reconciliar com alguém a quem defraudou ou se submeter à autoridade dos líderes da sua igreja para receber orientações e prestar contas a eles sobre os seus atos.

Existe mais graça no coração de Deus do que pecados no seu passado. Para todos os que estão dispostos a se submeterem a sua autoridade, Deus é especialista em restaurar a plenitude a partir das nossas decisões erradas. A graça que necessitamos somente vem até nós por intermédio de humildade e quebrantamento.

Existe mais graça no coração de Deus do que pecados no seu passado.

Uma Oração

Pai, purifica-me do meu pecado, mas também me livra do poder dos meus desejos. Oro para que eu seja liberto do engodo da impureza moral que me escraviza. Hoje, desejo fazer tudo o que me pedires, para me libertar da condenação que sinto por causa das coisas que pratiquei. Perdoa-me, mas também me liberta; ajuda-me a enxergar o caminho no qual eu posso seguir para virar a página do meu passado, e me dá a confiança para saber que nem tudo está perdido.

Desejo fazer qualquer coisa, em palavra ou em ação, para tentar reparar o erro feito pelas minhas escolhas egoístas. Leva-me até pessoas com quem eu possa me abrir e que possam andar comigo em um caminho melhor.

5

Quando Você Tomou uma Decisão Errada na Área Financeira

Você não leu as letras miúdas

Mesmo quando a economia está forte e crescendo, as pessoas podem tomar decisões financeiras desastradas. Os momentos em que a economia entra em recessão e os tempos não são favoráveis somente intensificam as consequências destas escolhas. Quando os casais divergem acerca das finanças, eles podem viver momentos de mais tensão e maior pressão sobre o casamento. Leia estas histórias de dois maridos — ambos homens bem-intencionados — e veja como as suas esposas não lhes deixaram esquecer o dinheiro que perderam em função de investimentos que pareciam bons, mas terminaram de forma ruim. Estas cartas representam milhares de outros casais que se encontram em situações semelhantes.

História nº 1

Há muitos anos, saí de um emprego bem-sucedido para abrir um negócio próprio. Infelizmente, em função do "11 de setembro" e de outros motivos, a minha empresa foi à falência depois de cinco anos. Perdi cerca de 200.000 dólares, que eram todas as economias da minha família. A minha esposa jamais me perdoou por ter agido de forma tão irresponsável.

Tenho vivido com esta culpa e com esta vergonha há anos, e o dinheiro que perdemos é uma questão recorrente no nosso casamento. Não posso confiar na ajuda de Deus, porque suspeito que a minha decisão tenha sido tomada sem que eu tivesse lhe consultado. Todos os dias, fico deprimido por causa disso. Será que precisarei viver o resto da minha vida revivendo esse erro?

História nº 2

Somos casados há vinte anos e temos filhos jovens. Nos últimos anos, entramos em dívidas. Convenci a minha esposa de que deveríamos investir parte das nossas economias naquilo que parecia ser um investimento sólido. Com o andar da carruagem, acabei perdendo o dinheiro da minha aposentadoria. Felizmente, ainda me restou um emprego e o banco não precisou nos despejar da casa, mas a minha esposa ficou com muita raiva com tudo o que aconteceu.

Apesar de a nossa vida financeira estar equilibrada, ela não quer mais continuar no casamento, porque sente que a negligenciei emocionalmente (o que é verdade, em função das horas extras que tive que assumir no meu trabalho para tentar recuperar o dinheiro que perdi). Ela passa horas na Internet e está se correspondendo com um homem com quem namorou antes de nos casarmos. Ela está lhe ajudando nos "seus problemas". Não sei como isso vai terminar, mas me sinto impotente para evitar. Além da minha dor, também sinto a dor dos nossos filhos.

Investimentos errados, normalmente levam a casamentos despedaçados!

Enfrentando as Questões

Há pouco tempo falei com uma corretora imobiliária que dizia que não se passa uma semana sem que ela dê conselhos a pessoas que estão sendo despejadas por falta de pagamento da hipoteca. Normalmente, se tratam de casais mais idosos que não têm mais esperança de recuperar as suas perdas. Também os casais jovens, arrasados pelas dívidas, estão registrando falência. O otimismo de anos passados deu lugar à ansiedade, ao pessimismo e ao desespero. Em vez de se unirem, muitas famílias estão se despedaçando, com raiva do governo, culpando-se entre si e com falências.

O otimismo de anos passados deu lugar à ansiedade, ao pessimismo e ao desespero.

A Necessidade da Família

Infelizmente, numa época em que as famílias deveriam estar unindo forças, elas estão sendo despedaçadas pelas circunstâncias — que, normalmente, envolvem as pressões financeiras. Não importa o quanto um casal se ame ou quão laboriosos os dois possam ser, há épocas em que eles exageram nas dívidas ou que se deixam levar por algum daqueles esquemas de enriquecimento fácil. Uma pessoa que cometeu os erros ao fazer os seus investimentos ficou convencida de que mesmo que ela adquirisse um cemitério, as pessoas deixariam de morrer! A tensão financeira pode levar até mesmo o cristão mais comprometido à perturbação. E, como é muito comum, esta perturbação pode resultar em divórcio.

O primeiro passo em direção à minimização das consequências de uma decisão desastrada na área financeira é o reconhecimento sincero do passado. Se houver necessidade de perdão, ele

O primeiro passo em direção à minimização das consequências de uma decisão desastrada na área financeira é o reconhecimento sincero do passado.

deve ser pedido e concedido. As duas histórias do início deste capítulo representam dezenas de milhares de pessoas que não tinham intenção de perder os seus investimentos. Eles fizeram o que fizeram porque acreditavam firmemente que colheriam os dividendos, independentemente de quão absurdos aqueles investimentos possam parecer, hoje, ao se olhar para trás. É claro que eles não devem ter lido as letrinhas miúdas dos contratos; sim, podem ter agido de forma tola, mas todos já passamos por esse tipo de situação uma vez ou outra. Estes investidores precisam perdoar-se a si mesmos e também pedir perdão às suas esposas. A autojustificação precisa terminar e a honestidade deve prevalecer. Caso você tenha desperdiçado parte das suas economias, admita que fez isso. Se desprezou os bons conselhos, também admita. Se você perdeu uma oportunidade de fazer um investimento diferente, reconheça isso também.

Só uma atitude de honestidade e confissão pode lançar os fundamentos para a recuperação e para a restauração — não só do dinheiro perdido, mas também dos relacionamentos rompidos. Decisões erradas na área das finanças podem desagregar uma família se o passado não for honestamente reconhecido, se o perdão não for dado por teimosia e se nenhuma lição for aprendida a partir do erro cometido. Tanto os sábios quanto os néscios cometem erros, mas somente os sábios aprendem com eles, ao passo que os néscios continuarão repetindo a sua estupidez.

Junto com o reconhecimento e com a reconciliação do passado, precisa também haver uma mudança de atitude. Chuck Swindoll concluiu que não devemos desperdiçar o nosso tempo "nos concentrando e nos afligindo com coisas que não podem ser mudadas". Em vez disso, deveríamos "direcionar as [nossas] energias no sentido de manter a atitude correta. As coisas que não podem ser mudadas nem deveriam ocupar a nossa mente".[1] Apesar das falhas do

Só uma atitude de honestidade e confissão pode lançar os fundamentos para a recuperação e para a restauração.

passado, precisamos começar a olhar para a vida tanto de forma otimista quanto realista.

Isso não significa que as coisas serão fáceis. Você terá que abrir mão de tudo o que tem, inclusive do seu carro, da sua casa e de outras coisas que considere importante, mas ainda poderá contar com bênçãos. Alguém já disse que assim como uma floresta renasce depois de um incêndio devastador que retire dela todos os arbustos baixos, uma tormenta financeira pode nos ensinar como viver com menos, à medida que a nossa fé e a nossa confiança em Deus são renovadas.

Lembre-se, não importa quão longe que você caiu, nem quanto você perdeu, você não está sozinho nisso. Não se recolha a um casulo emocional, junto com o medo e com o ressentimento. Procure amigos e familiares durante os tempos de dificuldade financeira, assim como nos primeiros dias da colônia dos Estados Unidos, nos quais os vizinhos ajudavam-se uns aos outros a superarem as crises. Não permita que os seus problemas financeiros se transformem em ataques pessoais dentro da sua família. Em vez de apontarem o dedo um para o outro, os casais deveriam se chegar um ao outro e dizer: "Nós vamos conseguir sair disso juntos".

As dificuldades financeiras deveriam, na verdade, unir as famílias em vez de separá-las. Maridos e esposas não devem se enxergar como inimigos, mas se unirem contra o seu inimigo real: o *Diabo* e as *dívidas*!

Chegando ao Âmago da Questão

Por mais difícil que possa ser admitirmos, a maior parte — mesmo que não em 100% dos casos — das decisões financeiras desastradas são baseadas em algum nível de ganância da nossa parte (observe a sedução que os esquemas de enriquecimento rápido exerce sobre as pessoas). E o que é pior, antes da maioria dos investimentos

Lembre-se, não importa quão longe você caiu, nem quanto você perdeu, você não está sozinho nisso.

serem feitos, o conselho de Deus não é buscado, ou se é buscado, é deixado de lado. Vamos encarar os fatos: a nossa propensão a entrar em dívidas a fim de adquirirmos carros, eletrodomésticos, para viajarmos em férias ou para a compra de acessórios não passa de concessões que fazemos à nossa própria ganância. (Se você não concorda comigo, lembre-se que a maior parte da população mundial consegue viver sem *nenhuma* destas coisas.) Esses pecados precisam ser encarados de frente. A Bíblia faz muitos alertas a respeito da sedução do dinheiro.

Mas, por que o dinheiro é um assunto tão sensível? Porque ele faz as mesmas promessas que Deus faz. Ele diz que nos sustentará nos tempos bons e nos ruins; que nos apoiará quando estivermos doentes e nos proporcionará a aquisição de prazer quando estivermos bem. Ele nos promete segurança agora — e se o tivermos em quantidade suficiente, promete nos dar segurança pelo resto das nossas vidas. Em outras palavras, se tivermos dinheiro, podemos levar uma vida independente da igreja, independente da nossa família e (assim pensamos) até independente de Deus.

Mas é aqui que mora o perigo.

Ouça a este sábio conselho vindo de uma pessoa que conheceu tanto a falta quanto a abundância:

> Mas é grande ganho a piedade com contentamento. Porque nada trouxemos para este mundo e manifesto é que nada podemos levar dele. Tendo, porém, sustento e com que nos cobrirmos, estejamos com isso contentes. Mas os que querem ser ricos caem em tentação, e em laço, e em muitas concupiscências loucas e nocivas, que submergem os homens na perdição e ruína. Porque o amor do dinheiro é a raiz de toda espécie de males; e nessa cobiça alguns se desviaram da fé e se traspassaram a si mesmos com muitas dores. (1 Tm 6.6-10)

Mas, por que o dinheiro é um assunto tão sensível? Porque ele faz as mesmas promessas que Deus faz.

Nascemos descontentes, e muitos morremos descontentes. Deus espera que levemos uma vida diferente, satisfeitos com o que temos e com o que somos.

Os períodos de dificuldade financeira nos forçam a examinar os nossos motivos com honestidade: a nossa decisão estapafúrdia não teria sido tomada com base em um desejo ganancioso por um dinheiro fácil? Será que Deus foi sinceramente consultado? Que sinais de alerta foram ignorados quando fizemos os nossos investimentos malfadados? Não nos basta uma reconciliação com os membros da nossa família, quando cometemos um erro na administração das nossas finanças; faz-se também necessário que limpemos a nossa consciência diante de Deus e das demais pessoas que podem ter sido afetadas. Sem admitir com honestidade os nossos motivos, não estaremos prontos para dar o próximo passo e pedir a orientação de Deus a respeito de como seguir adiante e superar os nossos problemas.

Os períodos de dificuldade financeira nos forçam a examinar os nossos motivos com honestidade.

Vejamos uma promessa da Bíblia que é ignorada com frequência: "E, se algum de vós tem falta de sabedoria, peça-a a Deus, que a todos dá liberalmente e não o lança em rosto; e ser-lhe-á dada" (Tg 1.5). Da mesma forma que Deus deveria ter sido consultado *antes* daquele investimento Ele, agora, deveria ser consultado acerca de como se faz para se reerguer da falência. E não buscamos somente sabedoria, mas uma transferência total de propriedade. Precisamos entregar as nossas vidas em suas mãos. Se você está cético, querendo saber o que Deus faria, a minha resposta é simples: prove e veja!

Os maridos também deveriam perceber que as suas esposas normalmente têm um "sexto sentido" que os homens, normalmente, ignoram quando tomam decisões financeiras. Mais de uma vez, nos

Os casais jamais deveriam fazer investimentos financeiros sem entrar em uma espécie de acordo de coração.

meus aconselhamentos financeiros, ouvi a minha esposa dizer: "Eu o alertei... havia alguma coisa naquele investimento que não estava me parecendo correta". Quando eu perguntava à esposa o que era a "tal coisa," na maioria dos casos a mulher não conseguia descrever com precisão do que falava; no entanto, estava certa. Os casais jamais deveriam fazer investimentos financeiros sem entrar em uma espécie de *acordo de coração*. Ouvir com atenção — e paciência — a outra parte é essencial para o entendimento e para a comunicação.

Lições do Passado

Deus tem os seus propósitos. Ele tem razões para permitir que as nossas finanças tenham reveses. Sem dúvida, Ele tem muitas razões para fazer com que lutemos, mas, certamente, um dos seus objetivos principais é o nosso crescimento espiritual. Se desperdiçarmos o que Deus deseja nos ensinar, somente nos tornaremos cínicos e começaremos a duvidar do seu amor e do seu cuidado.

Enxergando pela Perspectiva de Deus

A primeira lição é a mais óbvia: Deus quer que saibamos que Ele está conosco, não somente nos tempos de prosperidade, mas também nos de adversidade. Quando houve um período de escassez alimentar na terra de Canaã e Isaque foi tentado a seguir todas as demais pessoas que seguiam para o Egito, Deus lhe apareceu, dizendo: "E apareceu-lhe o Senhor e disse: Não desças ao Egito. Habita na terra que eu te disser... e serei contigo e te abençoarei" (Gn 26.2,3). Deus prometeu cuidar dele *em meio* à fome, em vez de lhe oferecer um escape daquela situação.

José aprendeu uma lição semelhante. Deus esteve com ele de forma clara quando foi exaltado e elevado ao segundo maior posto no governo do Egito; mas também lemos que Deus esteve com ele quando foi acusado injustamente lançado na prisão (Gn 39.2, 20,21). Deus está conosco tanto na prosperidade quanto na pobreza; Ele está conosco quando conseguimos pagar a prestação do financiamento da casa e também quando não conseguimos.

Deus está conosco quando conseguimos pagar a prestação do financiamento da casa e também quando não conseguimos.

Quando enfrentamos pressões financeiras, sejam elas causadas por decisões pessoais ou por questões macroeconômicas, concordo com John Piper quando nos diz que Deus "tem a intenção de expor o pecado oculto e, dessa forma, levar-nos ao arrependimento e à purificação".[2] Só a adversidade tem o poder de expor os nossos falsos amores e nos guardar da idolatria oculta.

Deus deseja que tomemos parte na experiência dos crentes ao redor do mundo que não conhecem nada além da pressão financeira, da pior espécie possível. A maior parte da humanidade luta pelo pão de cada dia; milhares — sim, *milhares* — de crianças morrem todo dia por desnutrição.[3] Milhões de cristãos vivem em países onde existe repressão, perseguição e nenhum sistema de apoio em momentos de crise. Para a maioria dos moradores dos Estados Unidos, mesmo que tenhamos perdido a melhor parte dos rendimentos da nossa aposentadoria ou tenhamos sido despejados da casa por falta de pagamento do financiamento, continuaremos tendo comida na mesa e um local para passar a noite. Vamos começar a nos solidarizar e orar com os nossos irmãos e irmãs que vivem na sujeira, com poucas esperanças de, algum dia, atingirem o padrão de vida que consideramos básico.

O Deus que disse a Isaque para ficar na terra de fome é o mesmo Deus que nos assegura de que podemos enfrentar um futuro incerto com confiança e alegria.

A Alegria da Generosidade

Eis uma pergunta que ouço com frequência: devemos continuar a doar para a igreja nos momentos de crise financeira? Acredito que é um erro diminuir a nossa percentagem de doação financeira para a igreja durante momentos de crise. É por intermédio da contribuição fiel, e talvez de nenhuma outra forma, que demonstramos a nossa fé em Deus. Paulo disse que os cristãos da Macedônia contribuíam a partir da sua "profunda pobreza" (2 Co 8.1-3). Devemos contribuir de acordo com a prosperidade que Deus nos concedeu, a partir da nossa escassez, ou da nossa abundância.

Para fins de esclarecimento, creio que devemos sempre contribuir com uma percentagem da nossa renda ao Senhor. Se estamos passando por dificuldades financeiras, esta porcentagem pode ser pequena; contudo, a contribuição financeira nos lembra que tudo o que temos pertence a Deus, e não devemos permitir que os nossos reveses façam com que nos esqueçamos da necessidade dos outros. Sim, obviamente, há despesas a serem quitadas e contas que necessitam da nossa atenção, mas tudo o que temos — pouco ou muito — vem de Deus, "do qual fluem todas as bênçãos". E, se não temos renda, poderemos fazer a nossa contribuição de outra forma, sempre lembrando que Deus abençoa aqueles que agem com generosidade.

Não devemos permitir que os nossos reveses nos façam esquecer das necessidades dos outros.

Paulo ensinou que, se temos o desejo de dar mais do que podemos, Deus leva isso em consideração. "Porque, se há prontidão de vontade, será aceita segundo o que qualquer tem e não segundo o que não tem" (2 Co 8.12). Deus, que conhece o nosso coração, é o primeiro a compreender que, às vezes, o nosso desejo de contribuir é muito maior do que a nossa capacidade real de contribuição; só que uma coisa é verdade: as pessoas generosas são abençoadas por Deus, seja de forma monetária seja de forma espiritual. Deus monitora constantemente as atitudes do nosso coração, e quando Ele encontra generosidade dentro dele, nos recompensa com benefícios adicionais, de um tipo ou de outro. A maior bênção na recuperação de um desastre financeiro não é a quitação total da dívida; mas a capacidade de contribuirmos livremente para as outras pessoas. Por meio de uma recuperação disciplinada de um desastre financeiro, você poderá, cada vez mais, ajudar as demais pessoas em uma grande variedade de necessidades, repartindo com elas o amor de Cristo de uma forma pessoal e tangível. Isto, obviamente, é mais fácil de se dizer do que de se fazer. A colocação de limites reais para os nossos gastos é algo difícil, especialmente quando estamos acostumados a um estilo de vida um tanto extravagante. Entretanto, não estamos livres para abandonarmos a generosidade em função de vivermos em tempos de crise. Em alguns países, em tempos de desespero, as pessoas compartilham o pouco que têm com as outras, até o ponto da dor pessoal ou mesmo da sua própria ruína.

Saindo do Buraco

Caso você tenha perdido o seu emprego, tomado uma decisão financeira desastrada ou simplesmente tenho sido pego na armadilha do consumismo, se reconhecer que tem um problema e que uma mudança é necessária, existem boas maneiras de lidar com uma crise financeira. Os passos serão dolorosos, mas geralmente levam a um resultado favorável. Temos aqui um caminho razoável a ser seguido na busca da sua recuperação financeira.

Encontre um Conselheiro de Confiança

Em primeiro lugar, você precisa procurar ajuda. Provérbios 15.22 nos diz: "Onde não há conselho os projetos saem vãos, mas, com a multidão de conselheiros, se confirmarão". De fato, parte do problema é que, provavelmente, tentamos viver sem ajuda externa nas nossas finanças. Agora que você está em crise, isso precisa mudar.

> **Não estamos livres para abandonarmos a generosidade em função de vivermos em tempos de crise.**

Os conselheiros financeiros podem assumir várias formas. Se o seu problema for de grande monta, recomendo um conselheiro experiente na área ou um planejador financeiro profissional. Em outras situações, porém, o seu pastor, um líder de ministério da área de finanças, um líder que seja da área de negócios, o seu gerente de banco, um amigo ou parente pode ter a percepção necessária para lhe ajudar neste caminho rumo à recuperação. Esta pessoa, no mínimo, deve ser uma parceira com a qual você poderá se abrir, alguém que faça parte do presbitério da sua igreja ou um conselheiro. É importante que a sua ajuda seja proporcional ao seu problema. Descubra alguém que tenha um nível de especialização adequado e que possa lhe orientar a seguir este caminho.

Algumas igrejas oferecem um ministério de finanças para ajudar neste tipo de situação. Muitas igrejas, por exemplo, utilizam o programa do *Ministério Crown* para ajudar pessoas com este tipo de necessidade. Comece orando e, a seguir, procure uma pessoa apropriada para lhe ajudar a recolocá-lo de volta nos trilhos. Pedir ajuda não é vergonhoso.

Procure uma pessoa apropriada para lhe ajudar a recolocá-lo de volta nos trilhos. Pedir ajuda não é vergonhoso.

Pessoas casadas deveriam ser completamente abertas entre si em todas as questões que envolvem finanças, especialmente quando a confiança já foi seriamente comprometida. A honestidade é a única forma de reconstruir a confiança necessária para um relacionamento harmonioso. Se você deseja que os seus esforços de recuperação resultem em êxito, não pode haver contas ocultas, dinheiro secreto ou gastos compulsivos neste processo. Antes de criar um plano de retorno, você e o seu cônjuge precisam conhecer o quadro como um todo, tratar todas as questões de confiança ou conflitos, e se comprometer a fazer as mudanças necessárias nos seus gastos, enquanto você recebe aconselhamento a respeito de como mudar a sua perspectiva financeira.

Aprenda a Ficar Contente com Menos

A maior parte do mundo enxerga os americanos como um povo muito autoindulgente — e estas pessoas estão corretas.

Obviamente, há muitos pobres entre nós, geralmente estamos no trem da alegria do consumo. Talvez você não tenha tudo o que o seu vizinho tenha — e, infelizmente, é comum nos compararmos com pessoas que têm mais que nós — só que o nosso primeiro instinto deve ser a análise das nossas circunstâncias à luz dos vários milhões de pessoas ao redor do mundo que sobrevivem a muito custo em meio a condições precárias de trabalho, a doenças fora de controle e ao predomínio da injustiça.

É comum nos compararmos com pessoas que têm mais que nós.

Imagine-se livre do amor ao dinheiro! Paulo, escrevendo da prisão, nos deixou o seu testemunho:

> Não digo isto como por necessidade, porque já aprendi a contentar-me com o que tenho. Sei estar abatido e sei também ter abundância; em toda a maneira e em todas as coisas, estou instruído, tanto a ter fartura como a ter fome, tanto a ter abundância como a padecer necessidade. Posso todas as coisas naquele que me fortalece. (Fl 4.11-13)

Salomão nos deixou este sábio conselho: "O que amar o dinheiro nunca se fartará de dinheiro; e quem amar a abundância nunca se fartará da renda; também isso é vaidade" (Ec 5.10).

Ou, ouça isto dos lábios do próprio Jesus: "Acautelai-vos e guardai-vos da avareza, porque a vida de qualquer não consiste na abundância do que possui" (Lc 12.15).

Procuramos algo que não temos, mesmo quando não temos condições de pagar por tal coisa, já que estamos descontentes com a nossa situação atual. Nestas horas, somos defrontados com três opções: Podemos levar uma vida (1) *que excede* as nossas condições, (2) *que esteja dentro* das nossas condições, ou (3) *abaixo* das nossas condições.

Deus não se agradava dos israelitas que reclamavam do alimento que Ele lhes providenciava no deserto. O seu descontentamento os levou à murmuração e à insatisfação. Em resposta à sua falta de gratidão, Deus lhes enviou o seu juízo. Nós também entristecemos Deus pela nossa falta de gratidão e insistência em querer não apenas o que *precisamos*, mas também tudo o que desejamos.

Uma crise financeira é uma grande oportunidade para enfrentarmos estas questões subjacentes.

Reduza as suas Dívidas

Quando estamos em um buraco e precisamos sair dele, é preciso parar de cavar! A maior parte do fracasso financeiro é em razão do excesso de crédito. Um casal norte-americano médio tem mais de 9.000 dólares em dívida de cartões de crédito. Este casal mora em uma casa que está acima dos seus padrões financeiros, e aumentam ainda mais a sua dívida ao adquirir um automóvel. Em vez de economizar dinheiro para momentos de dificuldade, este casal imaginou que o futuro seria sempre tão róseo quanto os anos do passado. Quando ocorre uma perda de emprego, ou algum investimento dá errado, este casal não tem mais nenhuma reserva de segurança, mais nenhuma outra margem de manobra. Em pouco tempo, descobrem que serão despejados ou que irão à falência.

> **Somos defrontados com três opções: Podemos levar uma vida que excede as nossas condições, que esteja dentro das nossas condições, ou abaixo das nossas condições.**

Precisamos deixar que as crises financeiras nos ensinem a respeito dos efeitos deletérios das dívidas. Na verdade, é de se surpreender que criamos uma geração de pessoas incapaz de viver dentro das suas possibilidades — e que pensa que *não precisa viver dessa forma*! No início da nossa vida de casados, eu e Rebecca, a minha esposa, aprendemos que as dívidas podem ser um peso muito grande; a quitação das dívidas do cartão de crédito nem sempre é tão fácil quanto imaginamos. Se você se encontra mergulhado em dívidas, recomendo que procure um conselheiro financeiro que lhe ajudará a pensar de maneira estratégica a respeito de como eliminar o máximo possível das suas dívidas. Mesmo que você não tenha dinheiro sobrando para pagar a sua dívida, pode haver medidas a serem tomadas no sentido de diminuir o seu impacto destrutivo.

Obviamente, muitas pessoas acreditam não haver problema — e mesmo ser muito sábio — em se fazer dívidas na aquisição de coisas que aumentarão de valor. A sabedoria popular há muito tempo nos ensina que vale a pena apertarmos o cinto para adquirirmos uma casa, por exemplo, porque ela amortizará o nosso investimento ao aumentar de valor à medida que os anos passam. Entretanto, mesmo este investimento "seguro" tem se mostrado arriscado durante a recente "crise de hipoteca de casas nos Estados Unidos". Enquanto escrevo este capítulo, os valores dos imóveis nos Estados Unidos estão caindo, embora a tendência seja que isso se reverta nos anos que virão. Em alguns casos, a dívida poderá até ser razoável e inteligente, mas precisamos ser cautelosos, prudentes e discernir quando entrar num financiamento ou investir capital em um negócio. Com muita frequência, as dívidas destroem, prendem e nos empobrecem.

Precisamos deixar que as crises financeiras nos ensinem a respeito dos efeitos deletérios das dívidas.

Se você sente que o cartão de crédito é uma tentação para dívidas excessivas, destrua-os! Pode ser melhor "pagar à vista quando puder" por todos estes itens de menor valor.

Priorize o seu Plano de Retorno

A vida sempre é uma questão de prioridades, inclusive a nossa vida financeira. Você, provavelmente, valoriza mais a sua casa do que o seu título em algum clube de saúde, e a educação dos seus filhos mais do que as idas a bons restaurantes. Para ser mais específico, em primeiro lugar, faça uma lista das suas necessidades financeiras em um papel ou no computador. Sem uma análise clara da sua situação, é difícil implementar qualquer mudança. Como Sócrates, certa vez, disse: "A vida não examinada não vale a pena ser vivida". Isso, certamente, aplica-se às mudanças no nosso panorama financeiro. Depois que você tomar consciência do que precisa ser feito, poderá começar a desenvolver uma estratégia para colocar o plano em ação.

Se você sente que o cartão de crédito é uma tentação para dívidas excessivas, destrua-os!

Um casal com quem conversei recentemente tinha uma renda conjunta de 95.000 dólares, já que ambos trabalhavam. Quando o marido perdeu o emprego, eles passaram a viver com um rendimento único de 40.000 dólares. Entretanto como viviam gastando praticamente todo o dinheiro que recebiam juntos, precisaram encontrar formas de repor a renda do marido ou reduzir os gastos da casa.

O primeiro passo para uma redução geral é uma listagem mensal das suas *despesas fixas*. Por exemplo, você pode ter gastos mensais com assinaturas de jornais e revistas. Quanto mais você conseguir reduzir ou eliminar estas despesas incidentais, mais rapidamente conseguirá equilibrar a sua situação.

A alimentação constitui uma das maiores despesas mensais da maioria das famílias e, portanto, uma área com grande potencial de economia. Se uma família de quatro pessoas compra lanches três vezes por semana, o custo total pode chegar a R$ 700,00 por mês! Isso representa uma despesa muito alta para gastos com alimentação que poderia ser compensada com um pouco de planejamento em casa. Outro gasto corriqueiro que pode pesar é a conta do telefone. Muitas famílias gastam mais de R$ 200,00 por mês com as despesas de telefone. O simples corte de algumas

Quanto mais você conseguir reduzir ou eliminar estas despesas incidentais, mais rapidamente conseguirá equilibrar a sua situação.

despesas adicionais não essenciais poderá gerar uma economia mensal sem muitos sacrifícios.

Outras despesas a serem examinadas são as assinaturas de TV a cabo ou de serviços de Internet, aluguel de filmes e outras formas de diversão (por exemplo, restaurantes, eventos esportivos), gastos com animais de estimação, taxas pagas em caixas eletrônicos (que podem se acumular, caso você não cuide) e despesas desnecessárias com vestuário e sapatos.

Depois de cortar tudo o que possa imaginar, o seu consultor financeiro poderá lhe ajudar a identificar e a cortar gastos que poderão exigir um maior sacrifício pessoal. Com muita frequência, deixamos passar as oportunidades de economizar dinheiro porque consideramos que o nosso estilo de vida é algo inegociável. Momentos de desespero exigem medidas de desespero.

Transfira a sua Carga Emocional para Deus

Independentemente de qual seja a sua situação financeira atual, tome uma decisão intencional hoje mesmo: entregue a sua vida e todo o seu patrimônio a Deus. Esta transferência de propriedade tirará um peso dos seus ombros e o colocará no devido lugar — a saber, as mãos de Deus. A fim de marcar este ato solene, poderá, inclusive, preparar uma pequena cerimônia, na qual você, de modo formal, renunciará à propriedade e aos seus direitos de controle, entregando tudo para Deus. A ideia é traçar uma linha figurativa na areia e seguir por ela, sem jamais olhar para trás.

Precisamos aprender a confiar em Deus em meio às nossas crises. Jesus deixou muito claro que Deus está a par das nossas necessidades: "Por isso, vos digo: não andeis cuidadosos quanto à vossa vida, pelo que haveis de comer ou pelo que haveis de beber; nem quanto ao vosso corpo, pelo que haveis de vestir... Olhai para as aves do céu, que não semeiam, nem segam, nem ajuntam em celeiros; e vosso Pai celestial as alimenta. Não tendes vós muito mais valor do que elas?" (Mt 6.25,26).

Como, então, tomaremos estas palavras de Jesus e as transformaremos de promessas maravilhosas — mas, aparentemente, inatingíveis — em realidade? Como fazer para deixar de nos preocupar e confiar em Deus em momentos de investimentos fracassados e incertezas econômicas?

Deus me ensinou algumas lições acerca da confiança que desejo passar a você. Muitos cristãos oram a respeito das suas circunstâncias financeiras. Eles estão, constantemente, pedindo a Deus para cuidar disto ou daquilo, mas nunca estão em paz porque nunca entregaram a questão completamente a Deus. Mesmo quando fazem os seus clamores de oração, continuam a carregar o peso sobre os próprios ombros. Acredite em mim, já passei por esta situação mais vezes do que gostaria de admitir. Só que quando nós simplesmente oramos e não entregamos o peso, na verdade, estamos orando com incredulidade. É por isso que as nossas orações são tão frenéticas e repetitivas. Oramos, e se não recebemos uma resposta imediata, começamos a nos inquietar e a crer que a oração não funciona.

> **O seu consultor financeiro poderá lhe ajudar a identificar e a cortar gastos que poderão exigir um maior sacrifício pessoal.**

Em vez disso, precisamos entregar genuinamente a nós mesmos e o nosso patrimônio a Deus. "Entrega o teu caminho ao Senhor; confia nele, e ele tudo fará" (Sl 37.5). Este compromisso significa que tomamos o que temos em nossas mãos e colocamos nas mãos de Deus. Se fizermos isso como um ato radical de fé, não carregaremos mais o peso das nossas cargas.

> **Precisamos aprender a confiar em Deus em meio às nossas crises.**

O melhor exemplo bíblico a respeito disso que me vem à mente é o de Potifar, que entregou todos os assuntos da sua casa a José. "E deixou tudo o que tinha na mão de José, *de maneira que de nada sabia do que estava com ele*, a não ser do pão que comia" (Gn 39.6, grifo acrescentado). Se, ao menos, tivéssemos a mesma fé de Potifar! Todas as suas preocupações se resumiam ao consumo de três refeições diárias, posto que a sua confiança em José era tão completa, tão plena, que ele não se preocupava com mais nada. Quando confiamos em Deus dessa forma, somos, finalmente, libertos.

As boas-novas são estas: Deus é tão pronto, desejoso e capaz de cuidar de questões resultantes das nossas decisões erradas quanto o é para cuidar de situações que nos foram impostas, seja por outras pessoas, seja por circunstância que fogem ao nosso controle. Deus deseja que confiemos *tudo* a Ele.

O caminho que Deus escolhe para nós pode não ser fácil, mas Ele caminha conosco por todo o trajeto e alivia a nossa carga. Mais precisamente: ele leva a carga para nós.

Depois que lhe entregarmos tudo, continuamos orando pelas nossas necessidades; só que, agora, com um senso genuíno de alegria e louvor. E se Deus não agir com a velocidade que esperamos, nós não nos afligimos mais, porque não precisamos mais nos preocupar com os assuntos de *Deus*! E não precisamos mais ir para a cama preocupados com o patrimônio que agora pertence *a Deus*!

O meu melhor conselho para você seria separar um tempo agora mesmo e entregar a sua situação a Deus — a perda do seu emprego, a incerteza em relação ao seu futuro, ou até mesmo o seu cônjuge e os seus filhos. Se você tem se preocupado a vida inteira, esta transferência de propriedade, num primeiro momento, ser-lhe-á conflituosa. Mas a implemente, mesmo assim. "Lançando sobre ele toda a vossa ansiedade, porque ele tem cuidado de vós" (1 Pe 5.7). O render-se é, sabidamente, um caminho provado para a paz!

O caminho que Deus escolhe para nós pode não ser fácil, mas Ele caminha conosco por todo o trajeto e alivia a nossa carga.

Este capítulo começou com as histórias de dois casais que passavam por problemas no casamento, sobretudo, por causa de má gestão das suas finanças. Não sei como a situação destes casamentos se desenrolou, mas a resistência, ou não, destes relacionamentos foi determinada pela maneira como os casais reagiram — se tentaram fugir dos seus problemas, ou se preferiram o caminho mais produtivo do perdão, da compreensão e do compromisso mútuo.

Deus nos ensina valores definitivos quando nos encontramos em dificuldades financeiras. E, como sempre, Ele está ao nosso lado para nos ajudar ao longo do caminho. Se você permitir que Ele lhe ajude, seja ou não o seu dinheiro recuperado, a sua alma experimentará uma redenção mais profunda.

Deus nos ensina valores definitivos quando nos encontramos em dificuldades financeiras.

Uma Oração

Pai, tenho tomado muitas decisões sem te consultar. Perdoa-me. É tão difícil confiar em ti durante esta crise financeira que estou passando; não consigo enxergar qualquer esperança para o futuro, contudo espero em ti. No melhor do meu entendimento, desejo transferir a minha confiança para ti agora; ajuda-me a enxergar a minha situação como sendo a tua situação. A partir deste momento não possuo mais nada, pois tudo o que tenho está, neste momento, sendo entregue nas tuas mãos.

Ensina-me as lições que queres que eu aprenda em meio a esta crise. Ajuda-me a fazer todos os sacrifícios necessários para aprender a diferença entre aquilo que é efêmero e aquilo que é eterno; entre aquilo que é necessário e aquilo que é supérfluo. Ensina-me a disciplina, a fé e a esperança. Sobretudo, aumente o meu entendimento acerca do profundo cuidado que tens por mim.

Eu te dou tudo o que sou e tudo o que tenho.

6

Quando Você Está na Vocação Errada

Você odeia ir ao trabalho

Jed chegou em casa, vindo do trabalho, certo dia, e disse à esposa que havia acabado de pedir demissão do seu emprego. Ele já estava pensando em tomar esta decisão há muitos anos, mas a sua esposa foi pega de surpresa. Ela sabia que ele não gostava de trabalhar no pátio de uma madeireira, mas pensava que ele ficaria firme no emprego em função do mercado de trabalho está retraído. E, apesar de amar muito o seu esposo, sabia que ele não estava qualificado para muitas outras posições. Ele trabalhava para a mesma companhia há quase nove anos, mas o seu chefe era uma pessoa exigente e o trabalho era rotineiro e chato. Por isso, simplesmente decidiu abandonar tudo, na esperança de conseguir algo melhor.

O tio de Jed havia ganhado muito dinheiro no mercado da construção civil, trabalhando como mestre de obras e aumentando lentamente o seu patrimônio por meio da aquisição de mais propriedades para aluguel. Jed sempre acreditou que aquele era o caminho para o tipo de sucesso que ele almejava — condições de trabalho mais adequadas e, é claro, um salário maior.

Com quarenta e dois anos, Jed pensou que aquela seria a sua última oportunidade de romper definitivamente com o passado e seguir rumo ao que ele sempre havia sonhado para si. Mas, mesmo quatro meses depois, sem qualquer sinal de melhora no horizonte, ele não foi capaz de admitir que fizera uma estimativa irreal a respeito das suas capacidades diante dos altos riscos oferecidos por um mercado imobiliário instável. Com as contas se acumulando e sem perspectiva de uma renda regular, Jed foi forçado a pegar um serviço que ele gostava menos ainda do que o trabalho no pátio da madeireira. Foi contratado para fazer trabalhos diferentes em uma agência de serviços, por um salário minúsculo, sem qualquer tipo de benefício e, também, sem nenhuma oportunidade de ascensão profissional. Aquele emprego foi uma pancada tão grande no seu orgulho que ele nem conseguia conversar com a esposa sobre a sua situação. O trabalho era como uma sentença de morte. Jed ia para o serviço a cada dia mais amargurado e ressentido.

Quando somos jovens e saudáveis, sempre temos a opção de vender as férias ou de subir na hierarquia da empresa, a fim de descobrirmos um melhor aproveitamento das nossas capacidades e, com isso, auferir mais dinheiro. Mas o que acontece quando não temos mais opção? Quando o mercado de trabalho e as nossas circunstâncias pessoais acabam definindo a carreira para nós? E se o emprego o levar para uma direção e as suas aptidões apontarem para outra? Às vezes, uma decisão errada nos leva a outras escolhas que seriam as segundas melhores opções.

Este capítulo não se destina a pessoas que têm a opção de mudar para um emprego melhor. Muitos outros livros já foram escritos a respeito de como progredir na carreira e encontrar o emprego que você sempre quis. Estou escrevendo

Quando somos jovens e saudáveis, sempre temos a opção de vender as férias.

para pessoas que estão aprisionadas — seja por causa das suas próprias escolhas erradas, seja pelas circunstâncias que fugiram ao seu controle — e que precisam que Deus redima a sua carreira e o seu chamado. Em palavras simples, este capítulo destina-se a todos que não têm opção — seja por questão de idade, de capacitação, de geografia, de obrigações seja em razão das condições de mercado. Sugerir que estas pessoas mudem de emprego para uma carreira mais promissora é pedir que façam o impossível. Apesar do ódio que possam sentir em relação à função que desempenham, elas têm poucas opções para seguirem adiante.

Resumindo, o meu objetivo é dar esperança para todos os que se sentem aprisionados no seu emprego atual. Se estas minhas palavras servem de descrição para a sua situação, a minha oração é para que este capítulo lhe dê o ânimo a fim de que possa ver que Deus está ao seu lado, até mesmo nas dificuldades da sua vida profissional. Em vez de vê-lo passar a vida toda reclamando do passado, o desejo de Deus é que você desfrute do melhor possível na sua situação atual.

Superqualificado e Subvalorizado

Moisés, o grande líder do povo de Deus no Antigo Testamento, teve uma educação excelente, contudo, por um período de anos, ele não fez uso de nada disso. Depois de ter sido criado em uma vida auspiciosa na corte do faraó do Egito, onde o mundo inteiro se abria para ele, passou os quarenta anos seguintes condenado a pastorear ovelhas no deserto, expulso para o deserto por um ato que, segundo o seu juízo, teria sido heroico. Ele desceu do luxo e da grandiosidade para a humilhação e para o pesar. Afirmar que ele teve um revés não transmite, de fato, a magnitude desta queda. Não, Moisés despencou da opulência ao abismo.

Este capítulo destina-se a todos que não têm opção, seja por questão de idade, de capacitação, de geografia, de obrigações seja em razão das condições de mercado.

Viver no deserto era uma coisa; ser forçado a uma vocação que ele desprezava era outra bem diferente. Os pastores eram uma classe abominável para os egípcios, cuja cultura Moisés havia herdado. Agora, tinha que acordar todas as manhãs sem esperança alguma de mudar as suas circunstâncias. Lá estava ele, apascentando ovelhas e achando que terminaria os seus dias fazendo aquilo que odiava. A monotonia, a chatice e previsibilidade da rotina o saudavam todos os dias.

No Egito, Moisés havia estudado matemática, astronomia e química, bem como os escritos hieroglíficos. Ele desfrutava do *status* de uma celebridade e tinha todo o luxo que uma nação próspera poderia oferecer. Um autor especulou: "Se ele cavalgasse pelas ruas, ele o faria com armadura de príncipe, entre gritos de "dobrem os joelhos", se navegasse pelo Nilo, seria em uma barcaça de ouro, em meio ao som de melodias maravilhosas".[1]

Viver no deserto era uma coisa; ser forçado a uma vocação que ele desprezava era outra bem diferente.

Este filho do luxo e da moda poderia ter permanecido no palácio, mas não poderia se esquecer do seu próprio povo, os hebreus, e a escravidão que eles enfrentavam. Durante uma visita, viu um egípcio surrar um dos seus compatriotas, por isso Moisés o assassinou e escondeu o seu corpo na areia. Como já era de se esperar, o seu ato foi descoberto. No dia seguinte, quando dois dos seus companheiros hebreus estavam brigando e Moisés tentou intervir, eles se voltaram contra ele. "Quem te tem posto a ti por maioral e juiz sobre nós? Pensas matar-me, como mataste o egípcio?" (Êx 2.14). Moisés, agora, sabia que o seu crime era de conhecimento público e que os seus compatriotas o tratavam com suspeição e hostilidades.

O que mais lhe machucava era que o seu próprio povo o havia rejeitado. No Novo Testamento, um homem chamado Estêvão nos deixou outras perspectivas adicionais: "E ele [Moisés] cuidava que seus irmãos entenderiam que Deus lhes havia de dar a liberdade pela sua mão; mas eles não entenderam" (At 7.25). Moisés pensava que o seu povo entenderia a sua missão, mas esta foi uma suposição infeliz da sua parte. Tal como centenas de pessoas que fracassaram na vida tiveram que aprender, considerar que o povo de Deus nos compreenderá, normalmente, é uma presunção da nossa parte.

Quando Faraó ouviu o que ocorrera, sentiu-se traído por Moisés, que fora criado sob a sua tutela, e desejou a sua morte. E, como os israelitas também estavam em clima de animosidade, Moisés não tinha muitas opções. Para salvar a sua vida, fugiu para o deserto. Ele se sentiu traído pelo seu próprio povo; e o que é pior, ele, sem dúvida nenhuma, também se sentiu traído por Deus, de quem esperava a bênção pela sua disposição em arriscar tudo o que tinha por causa do seu povo.

Considerar que o povo de Deus nos compreenderá, normalmente, é uma presunção da nossa parte.

Quando chegou ao deserto de Midiã, Moisés estava exausto, por isso se sentou ao lado de um poço. Ele tinha uma caixa de medalhas; tinha qualificação para ser rei do Egito; só que na sua terra, a sua reputação estava arruinada para sempre. Sem dúvida nenhuma, Faraó fez saber ao povo que o seu filho adotado havia se tornado um traidor. Para onde quer que Moisés olhasse, não havia nada além de areia.

Em questão de horas, Moisés passou de uma situação em que era servido em um palácio para outra onde ele passava a servir outras pessoas — de todos os lugares — no deserto. Ele jamais havia ajudado a dar de beber a ovelhas antes, só que no primeiro dia em que se sentou debaixo de um sol escaldante, teve a primeira oportunidade de servir de verdade. Quando as filhas do sacerdote de Midiã vieram até o poço, Moisés as protegeu de outros pastores perigosos e as ajudou a tirar água do poço (Êx 2.17). Apesar de ter sido treinado para funções de maior prestígio, ele fez tudo o que pôde para ajudar. A mudança interior estava começando a acontecer.

Aquelas mulheres não sabiam que estavam na presença de um nobre. Quando Reuel, o pai daquelas moças, perguntou a elas quem as havia ajudado, tudo o que disseram foi: "Um homem egípcio nos livrou da mão dos pastores; e também nos tirou água em abundância e abeberou o rebanho" (Êx 2.19). O homem que seria instantaneamente reconhecido no Egito havia, agora, se retirado para uma vida de obscuridade e humilhação. Ele foi convidado a visitar a casa de Reuel e, posteriormente, casou-se com Zípora, uma das filhas daquele homem. Isso o selou para sua vocação como pastor.

Apesar de ter sido treinado para funções de maior prestígio, ele fez tudo o que pôde para ajudar.

As circunstâncias, e não as suas aptidões ou habilidades ditaram a escolha da carreira que Moisés haveria de seguir. O seu treinamento fora para a liderança, só que a sua vocação seria, agora, a execução do trabalha de um escravo analfabeto. Ele sentiu a separação entre o seu mundo interior de desejos e o seu mundo exterior da realidade. Durante quarenta anos, a conversa mais inteligente que haveria de ouvir no seu local de trabalho seria um *"béé"*!

Como Transformar um Emprego em um Chamado

Como sobreviver emocionalmente quando nos achamos presos em um pântano vocacional, superqualificados para a atual função, mas sem oportunidade de ascensão? Como transformamos um emprego em um chamado, como damos sentido àquilo que é mundano? Ser chamado para uma tarefa — chamado por Deus — confere significado àquilo que, de outra forma, poderia ser humilhante. Como veremos, o que você faz não chega a ser tão importante quanto a sua atitude perante o seu trabalho.

Escolha uma Atitude

No deserto, Moisés tinha uma escolha a fazer: ele poderia acordar irado todas as manhãs por ter que fazer aquilo que odiava e ressentido por não estar exercendo aquilo para que foi treinado, ou, por outro lado, poderia aprender a gostar verdadeiramente da sua rotina diária. Uma mudança de atitude seria uma mudança na sua vida. Pense em como as coisas seriam diferentes se Moisés encarasse o pastoreio não como uma atividade mundana, mas como uma atribuição especial que o próprio Deus lhe dera. Isso mudaria tudo. Como disse o poeta James Oppenheim: "O tolo busca a felicidade na distância; o sábio faz com que ela cresça debaixo dos seus pés".

O que você faz não chega a ser tão importante quanto a sua atitude perante o seu trabalho.

Moisés ainda não sabia, mas Deus utilizaria esta mudança na sua carreira para transformar as suas perspectivas. Mais tarde, Moisés haveria de compreender que a obra feita por Deus *em nós* é quase sempre mais importante do que a obra que Ele faz *por intermédio de nós.* Deus pode utilizar qualquer carreira que escolhermos, seja ela do nosso gosto ou não, para fazer a sua obra específica no nosso coração. Não importa se ela estiver além ou aquém da nossa capacidade; o mais importante é a nossa atitude para com Ele. A nossa tendência é pensar que o nosso mundo exterior é o que importa de verdade, só que é o nosso mundo interior que atrai a atenção de Deus. "Infelizmente", escreve Dan Miller: "o caminho para *o que queremos fazer* normalmente passa pelo meio das questões básicas acerca de *quem somos*".[2] Anos atrás, um amigo me deu uma cópia do livro de Viktor Frankl chamado "Man's Search for Meaning" [A Busca do Homem por Sentido], uma história acerca de como era a vida em um campo de concentração na Alemanha de Hitler. Nela, Frankl nos mostra que nem a idade, nem a saúde, nem a educação, tampouco a inteligência determinavam quem sobreviveria às atrocidades de um campo de concentração. O mais importante era a atitude; somente as pessoas que acreditavam que algo melhor estaria por vir eram capazes de sobreviver a todas as agruras.

A nossa tendência é pensar que o nosso mundo exterior é o que importa de verdade, só que é o nosso mundo interior que atrai a atenção de Deus.

Deus nos ajuda a enxergar além das circunstâncias, em direção e um objetivo muito maior. Como disse, certa vez, um escritor: a sua *atitude* determina a sua *altitude*!

Moisés estava, agora, a quilômetros do Egito, tanto no sentido geográfico quanto no sentido social. Durante quarenta anos, ele fez o que havia sido anteriormente ensinado a desprezar. Agora, este prestigioso filho da fama e da fortuna acabaria por "desperdiçar" a sua vida fazendo o que qualquer um poderia fazer. Não creio que Moisés tenha, em algum momento, se sentido completamente à vontade no deserto; tenho certeza de que ele, normalmente, sentia-se um pouco como um botão quadrado em um buraco redondo, segundo o dito popular. As suas aptidões apontam para uma direção, mas as suas responsabilidades para outra. Toda a sua educação parecia desperdiçada. Quando a sua esposa lhe deu um filho, eles o chamaram de Gérson, que significa "estrangeiro" (Êx 2.22). Moisés sempre se considerou um estrangeiro, um homem sem país.

Só que ele estava em uma encruzilhada: Ele poderia continuar com os seus sentimentos de amargura e traição, ou continuar submetendo-se àquilo que Deus queria fazer na sua vida. Ele poderia ficar cuidando das feridas do passado ou passar por cima daquelas questões e extrair o melhor do seu futuro monótono. O seu trabalho não mudaria; mas se a sua atitude mudasse, tudo seria transformado.

Um amigo meu aceitou um trabalho que lhe foi oferecido, só que, a seguir, a oferta foi desfeita. Por mais duro que lhe tenha sido, ele aceitou esta decepção como algo de Deus. Ele também aceitou a decepção de, por fim, ter que aceitar uma função muito aquém do salário e da posição pelos quais ele havia orado.

Eis um teste: será que você consegue orar a Deus pela sua profissão, mesmo quando ela não é o que você teria escolhido? Será que você consegue agradecer a Deus pelo seu chefe e pelos seus companheiros de trabalho, orando por cada

O seu trabalho não mudaria; mas se a sua atitude mudasse, tudo seria transformado.

um deles, nome a nome? Será que você consegue agradecer a Deus por um trabalho no qual você está sobrecarregado e mal pago? Só quando pudermos agradecer a Deus por uma vocação que desprezamos, terá começado a ocorrer a mudança da nossa atitude.

Escolha o seu Patrão

Não sabemos muita coisa a respeito da vida devocional de Moisés no deserto, mas sabemos que a única forma dele encontrar significado em uma carreira sem significado era começar a ver Deus até mesmo nos reveses e nas decepções. Se ele pudesse ver o pastoreio de ovelhas como um chamado, até mesmo aquela responsabilidade traria as suas recompensas. Ele encontraria Deus nas coisas comuns, não nas extraordinárias. Deus teria que ser descoberto naquilo que é mundano.

O Novo Testamento nos introduz a uma perspectiva radicalmente nova a respeito de como devemos encarar a nossa vocação. Durante o primeiro século, havia quarenta ou cinquenta milhões de escravos no Império Romano, pessoas que não tinham qualquer expectativa de se livrar das injustiças que enfrentavam. Tivessem eles bons ou maus senhores, estavam todos presos a um sistema. Embora a escravatura violasse claramente o conceito bíblico de dignidade individual e igualdade diante de Deus, não havia nada que os escravos pudessem fazer para mudar as suas circunstâncias. O Apóstolo Paulo, no entanto, incentivou-os a fazer uma mudança de atitude diante dela:

O Novo Testamento nos introduz a uma perspectiva radicalmente nova a respeito de como devemos encarar a nossa vocação.

> Vós, servos, obedecei a vosso senhor segundo a carne, com temor e tremor, na sinceridade de vosso coração, como a Cristo, não servindo à vista, como para agradar aos homens, mas como servos de Cristo, fazendo de coração

> a vontade de Deus; servindo de boa vontade como ao Senhor e não como aos homens, sabendo que cada um receberá do Senhor todo o bem que fizer, seja servo, seja livre. (Ef 6.5-8)

Que mensagem explosiva foi esta para os escravos. Eles poderiam começar a trabalhar para Deus em vez de trabalharem para homens; ou, para ser mais exato, ao servirem os seus senhores, ele poderiam ver-se a si mesmos como pessoas que serviam a Cristo. Isto dava ao seu trabalho um significado divino.

Durante a Idade Média, muitas pessoas acreditavam que Deus estava preocupado somente com os trabalhos de natureza religiosa — tais como, fazer orações, dar esmolas ou fazer boas obras. Foi então que Martinho Lutero surgiu e nos ensinou que somos todos sacerdotes diante de Deus, o que significava que tudo o que fizéssemos poderia ser agradável a Deus, caso fosse feito para a sua glória. Dessa forma, uma faxineira poderia glorificar a Deus ao lavar um piso (desde que fizesse o seu trabalho com quem o faz para o Senhor), ao passo que um sacerdote cheio de pompa, cujo coração estivesse afastado de Deus, não seria aceito por Deus, mesmo que foi um ministrante dos sacramentos. Lutero disse que não era o ato, mas a atitude de adoração com a qual fazemos o nosso trabalho que faz toda a diferença. Você sabia que três quartos das pessoas que mais chamam a atenção na Bíblia jamais tiveram um cargo religioso, mas simplesmente serviram a Deus nas coisas comuns da vida? Por exemplo, Abraão foi um pastor, José um administrador, e Lucas um médico. Deus transformou as suas ocupações diárias em um chamado.

Muitas pessoas acreditavam que Deus estava preocupado somente com os trabalhos de natureza religiosa.

Medite acerca destas palavras: "Portanto, quer comais, quer bebais ou façais outra qualquer coisa, fazei tudo para a glória de Deus" (1 Co 10.31). Quando aplicado, este princípio desfazer qualquer coisa que esteja atravancando o nosso caminho rumo à satisfação no nosso trabalho e na vida em si. Observe que devemos glorificar a Deus nas coisas comuns da vida, tais como o ato de comer e beber; na verdade, tudo o que fazemos deve ser feito para a glória de Deus. Jesus demonstrou isto quando lavou os pés dos discípulos. Quando se curvou para fazer o trabalho de um servo, ou de um escravo, em lugar do seu Pai celeste, ele estava contente, satisfeito por ter glorificado aquele que Ele amava. Não há nada de vergonhoso a uma pessoa com Ph.D. trabalhar com chapeiro de hambúrgueres para ganhar o seu sustento. Mesmo lá, trabalhando em um emprego que parece bem aquém das suas aptidões e daquilo para que ele foi treinado, esta pessoa poderá prestar glórias a Deus, por intermédio de um trabalho bem feito.

Mesmo trabalhando em um emprego que parece bem aquém das suas aptidões e daquilo para que ele foi treinado, esta pessoa poderá prestar glórias a Deus, por intermédio de um trabalho bem feito.

A falecida Ruth Graham, esposa do evangelista Billy Graham, não gostava de lavar a louça; mas ele colocou uma placa em cima da pia que dizia: "O Culto a Deus ocorre neste local três vezes por dia". O trabalho pode nos proporcionar uma plataforma a partir da qual podemos testemunhar; mas, o que é mais importante, o trabalho em si mesmo já é um testemunho. Nós testemunhamos a Deus acerca da nossa devoção e do nosso amor.

Escolha a Perseverança

Até onde se sabe, Moisés esperava continuar a sua carreira inglória em Midiã até o fim dos seus dias. Ninguém ali jamais chegaria a ficar impressionado com as suas credenciais; ele não tinha nada a fazer, senão contemplar o seu erro e refletir acerca do tratamento cruel que recebera. Nas profundezas daquele deserto, ninguém dava a mínima importância para ele. Os anos se transformaram em décadas; não houve promoções, nenhum prêmio por desempenho. Na melhor das hipóteses, ele se formaria como especialista sobre um rebanho de ovelhas e passaria a estudar o próximo rebanho. Só que Deus estava com ele. A mudança interior estava começando a acontecer.

"Meus irmãos, tende grande gozo quando cairdes em várias tentações, sabendo que a prova da vossa fé produz a paciência. Tenha, porém, a paciência a sua obra perfeita, para que sejais perfeitos e completos, sem faltar em coisa alguma" (Tg 1.2-4). O Novo Testamento concede um elevado prêmio à paciência, à perseverança e à capacidade de prosseguir mesmo quando estamos em um atoleiro do qual não conseguir sair. Eis aqui outra parte do conselho divino que vem com uma promessa: "E não nos cansemos de fazer o bem, porque a seu tempo ceifaremos, se não houvermos desfalecido" (Gl 6.9). Admiro cristãos que são fiéis ao seu chamado durante tempos de tempestade e tempos de bonança. Eles simplesmente são fiéis a ele, dia após dia.

"Tenha, porém, a paciência a sua obra perfeita, para que sejais perfeitos e completos, sem faltar em coisa alguma."

Comparados com os jogadores de futebol americano, Walter Payton era um baixinho, medindo 1,78m e pesando 91kg; contudo ele era um dos maiores atacantes da Liga Norte-americana de Futebol. Era sua a responsabilidade de passar com a bola em meio a um grupo de homens maiores do que ele, somente para ser lançado ao chão alguns segundos depois. Payton carregou a bola por 152.875 metros nos seus 12 anos de carreira. Ao todo, ele correu com a bola colada ao corpo por mais de 14 quilômetros!

Imagine-se carregando uma bola de futebol americano por 14 quilômetros, disputando cada centímetro de gramado com homens de mais de 110 quilos. Payton era lançado ao chão a cada 40 metros. Isto significa que, segundo os meus cálculos, ele foi lançado ao chão 3.800 vezes, e era comum que ele ficasse enterrado debaixo de uma pilha de outros jogadores. Um repórter lhe perguntou: "Walter, como é que você conseguiu fazer isto?" A sua resposta foi: "Simples, é só você levantar cada vez que é derrubado".

Bem-aventurados são aqueles que perseveram!

Bem-aventurados são aqueles que acordam pela manhã e vão para o trabalho, na certeza de que serão jogados para baixo — no sentido emocional, relacional e psicológico — mas, mesmo assim, continuam se levantando. Deus deposita um grande valor na perseverança. Há um velho provérbio ídiche que diz: "Quem não conseguir suportar a má vontade não viverá para ver a boa." Seremos capazes de suportar o mal se estivermos dispostos a crer no cuidado de Deus, mesmo nos dias mais difíceis.

Não Troque uma Moeda de Dez Centavos por uma de Cinco

Quando eu era pequeno, o meu irmão me convenceu a trocar uma pequena moeda que eu tinha de dez centavos pela sua moeda grande de cinco. Eu achei que estava fazendo um grande negócio, porque a moeda de cinco centavos tem o dobro do tamanho da de dez. De modo semelhante, nós, normalmente trocamos aquilo que é mais valioso por aquilo que tem aparência de maior valor. A pressão financeira é um dos maiores indicativos do nosso verdadeiro caráter. A nossa integridade e o nosso senso de decência valem muito mais do que uma carreira com alto salário que põe em perigo os nossos relacionamentos e exige que comprometamos aquilo que sabemos ser o certo e o errado. Infelizmente, somos, não raro, tentados a colocar o maior valor do nosso trabalho no dinheiro que ganhamos; ao fazer isto, muitas vezes, estamos trocando a moedinha de dez por uma de cinco.

Bem-aventurados são aqueles que acordam pela manhã e vão para o trabalho, na certeza de que serão abatidos.

Por exemplo, graças à recente crise econômica nos Estados Unidos, a emissão de dinheiro falso voltou a ser praticada em larga escala. As autoridades dizem que um número nunca antes visto de pessoas está fazendo uso da tecnologia para imprimir notas falsas de dólar. Com estas notas falsas, elas compra tudo, desde *pizza* até a gasolina para o carro. Um número nunca antes visto de pessoas está vendendo a sua integridade, o seu caráter, a preços de pechincha. Os momentos de dificuldade financeira são épocas nas quais deveríamos aprender que a nossa integridade vale mais do que aquilo que o dinheiro pode comprar. Eis aqui um ótimo conselho na área dos negócios: "Compra a verdade e não a vendas; sim, a sabedoria, e a disciplina, e a prudência" (Pv 23.23).

Não recorra à fraude, a cortes irregulares de custo, ou esquemas desonestos, só porque o dinheiro anda curto. A sua integridade jamais deveria ser sacrificada no altar da crise. Há certas coisas que são mais importantes que a própria vida — e uma destas coisas é a glória de Deus. Nenhum cargo que você possa ocupar valerá a pena, caso tenha sido conquistado às custas da sua perda de caráter. "Estai firmes na fé, portai-vos varonilmente e fortalecei-vos" (1 Co 16.13). Em tempos de crise, a sua fé é que vai lhe sustentar.

Francis Schaeffer disse que diante de Deus não existem pessoas grandes ou pequenas; existem somente pessoas consagradas ou não consagradas. É por isso que a nossa vocação não é tão importante para Deus, quanto ela o é para nós. Moisés precisou aprender que também poderia ser um homem realizado, mesmo na obscuridade. Sim, mesmo quando nos pedem para executar uma tarefa para a qual não nos sentimos muito adequados, poderemos encontrar significado se a executarmos para Deus.

Os momentos de dificuldade financeira são épocas nas quais deveríamos aprender que a nossa integridade vale mais do que aquilo que o dinheiro pode comprar.

Elisabeth Elliot, cujo marido foi assassinado, junto com outros quatro missionários no Equador, trabalhou com afinco para transformar a língua local em linguagem escrita em uma época em que não havia computadores, nem máquinas de fotocópia. Então, uma mala que continha dois anos de trabalho foi roubada e ela precisou começar tudo novamente do zero. Quando lhe perguntaram se ela havia ficado irada por causa do roubo, ela disse: "Não, aquela havia sido a minha forma de adoração a Deus, e o que eu fiz para Ele está perdido para nós, mas não para Deus". Ela se recusou a ser absorvida pela ideia predominante de que precisamos ser recompensados nesta vida por tudo o que fazemos; ela não estava disposta a negociar o sucesso transitório pelo significado verdadeiro.

E se Deus aparecesse pessoalmente a você, vindo do céu, e lhe pedisse para lhe fazer aquilo que se espera de você quando você estiver no seu trabalho, amanhã? Será que isto mudaria a sua atitude a respeito do seu atual emprego? Não deveríamos ver os nossos empregos como meios de sobrevivência, mas sim como meios para o serviço ao Deus que nos redimiu.

Deus Vê e Conhece

Durante o período do Novo Testamento, não se conhecia o que hoje chamamos de "direito dos trabalhadores." Não havia sindicatos, nem oportunidade para se corrigir os danos causados aos trabalhadores. Como uma pessoa poderia permanecer paciente em meio a tanta injustiça? Tiago nos alerta sobre o juízo que está a caminho daqueles que exploram os pobres: "Eis que o salário dos trabalhadores que ceifaram as vossas terras e que por vós foi diminuído clama; e os clamores dos que ceifaram entraram nos ouvidos do Senhor dos Exércitos" (Tg 5.4).

Felizmente, Tiago também tem uma palavra para os trabalhadores explorados: "Sede, pois, irmãos, pacientes até a vinda do Senhor" (Tg 5.7). Em última análise, Deus haverá de reparar as injustiças do seu local de trabalho. Neste exato momento "Eis que o juiz está à porta!". (Tg 5.9).

Por favor, não me entenda errado: devemos trabalhar em prol da justiça em todas as situações; só que é

E se Deus lhe pedisse para lhe fazer aquilo que se espera de você quando você estiver no seu trabalho, amanhã?

comum que até mesmo nós, nos dias atuais, não obtenhamos êxito nestes momentos. A proliferação de distorções no mercado de trabalho somente será reparada quando o Juiz voltar. O nosso clamor por justiça que não for atendido nesta vida irá, muito provavelmente, ser percebido na vida por vir.

O próprio Jesus foi um modelo de paciência, de perseverança e de fé. Ele não saiu batendo naqueles que o chicotearam, mas, ao contrário, elevou o seu caso à Suprema Corte do universo. O seu desejo era esperar que o Juízo Final corrigisse as injustiças. "Quando o injuriavam, não injuriava e, quando padecia, não ameaçava, mas entregava-se àquele que julga justamente" (1 Pe 2.23). Somente com uma fé deste tipo poderemos perdoar as injustiças e manter a nossa sanidade.

Todas as manhãs, antes de sair da cama, eu oro: "Senhor, glorifica-te neste novo dia com as minhas lutas". A seguir, peço a Deus a sabedoria para lidar adequadamente com as situações que ocorrerão ao longo do dia. Descobri que quando começamos o dia da forma certa, significa que poderemos, também, terminar o dia da forma certa.

Deus quer que perseveremos. Quando assim fazemos, recebemos o seu auxílio e a sua bênção.

Escolha a Abertura Diante de Deus

Humilhado no deserto, solitário com as suas ovelhas, Moisés teve tempo para se curar. Embora ele não compreendesse por que a sua tentativa de obediência havia falhado, um dia, ele haveria de ter um encontro com Deus cujos propósitos agora pareciam obscuros. À medida que o coração de Moisés ia se abrindo, Deus ia se tornando o seu Mestre. Separado das armadilhas da luxúria e do poder, Moisés, gradualmente, ia se transformando enquanto o seu coração era preparado para conhecer o Todo-Poderoso. Por fim, ele alcançaria uma intimidade com Deus como nenhum outro homem jamais conseguira.

Deus quer que perseveremos. Quando assim fazemos, recebemos o seu auxílio e a sua bênção.

Deus usou o deserto para ensinar a Moisés o que o palácio jamais poderia ensinar. O que, para Moisés, deve ter parecido o fim de uma vida cheia de sentido, foi, na verdade, o começo de uma das carreiras mais badaladas da história da humanidade. No deserto, ele teve tempo para lembrar, tempo para refletir e tempo para orar. Então, quando chegou o tempo certo, ele se encontrou com o "Deus da segunda chance".

Mas, não achemos que a bênção de Deus no deserto é algo automático. Se nos tornamos pessoas amarguradas e não estamos abertos para a orientação e a direção de Deus, o deserto pode endurecer o nosso coração em vem de suavizá-lo. Jed, cuja história lemos no início deste capítulo, acreditava que era por culpa de Deus que a ele havia sido negado o sucesso que outras pessoas conheceram nas suas carreiras produtivas. Embora ele se levantasse todas as manhãs e seguisse diligentemente para o seu posto de trabalho, exercendo ali as suas responsabilidades mínimas a cada dia, a sua atitude de amargura lhe impediram de enxergar Deus na sua experiência de deserto. A sua amargura respingou fora e afetou tanto a sua esposa, quanto os seus filhos. As pessoas que ficam amarguradas no deserto permanecerão amarguradas, e não produzirão frutos espirituais onde estão plantadas. De certa forma, depende de nós o desejo de extrair o melhor possível da nossa situação, ou sair de uma decisão errada para outra que pode ser ainda pior.

Deus usou o deserto para ensinar a Moisés o que o palácio jamais poderia ensinar.

Creia que Deus Tem Dias Melhores para Você

Depois de quarenta anos no deserto, o coração de Moisés estava aberto à possibilidade de conhecer Deus. Sem nada para ver a leste, nem a oeste, nem ao norte, nem ao sul, a única coisa que lhe restava era olhar para o alto. Talvez ele tenha começado a perceber que ele estava mais perto de Deus como um servo no deserto do que estaria como um governante no palácio de Faraó. Moisés aprendeu que podemos nos aproximar de Deus até mesmo quando Ele está quieto. A fé abre a porta de acesso à presença de Deus.

De modo inesperado, Moisés se depara com um arbusto em chamas e ouve a voz do Senhor lhe chamando para uma nova vocação. Ele deveria aquele que guiaria o seu povo — o povo que lhe havia rejeitado — no caminho do Egito até a Terra Prometida. Moisés precisou aprender que Deus trabalha até quando parece calado, até quando não conseguimos detectar os seus movimentos. "E aconteceu, depois de muitos destes dias, morrendo o rei do Egito, que os filhos de Israel suspiraram por causa da servidão e clamaram; e o seu clamor subiu a Deus por causa de sua servidão" (Êx 2.23). No decurso de vários dias — 14.600 dias, em números aproximados — Deus começou a trabalhar. Levou quarenta anos, mas Deus começou a responder as orações do seu povo.

Obviamente, é fácil confiar em Deus quando vemos o arbusto arder, as águas serem divididas e os montes tremerem; o desânimo vem nos anos de silêncio. Porém, bem-aventurados são os que não interpretam o silêncio de Deus como indiferença.

Podemos nos aproximar de Deus até mesmo quando Ele está quieto. A fé abre a porta de acesso à presença de Deus.

É fácil se falar em uma vida de fé quando estamos saudáveis e acabamos de receber uma promoção do nosso chefe. Quando você está feliz com o seu trabalho e os seus filhos estão no caminho do Senhor, a confiança vem com bastante facilidade. Entretanto, quando você é mal compreendido e mal falado, ou quando está em um emprego que não está de acordo com as suas capacidades, nem com o seu treinamento profissional — quando você tem despesas elevadas com saúde e um cônjuge impossível — só então a sua fé será realmente significativa para Deus. É no deserto, não no palácio, que Deus descobre as profundezas da sua entrega a Ele. É quando ele está calado, e não quando Ele fala, que a sua fé é mais preciosa aos seus olhos.

Por que Moisés foi relutante em ir, quando Deus veio lhe chamar? Muito provavelmente, ele continuava amargurado em função de todo o ocorrido no Egito havia quarenta anos. Um amigo meu, certa vez, disse: "Quando você se queima com leite quente, você assopra até mesmo o iogurte". Moisés não conseguia se esquecer do que lhe havia acontecido quando ele havia tentado ajudar o seu povo quarenta anos antes. Ele não queria se colocar em uma posição na qual ele poderia voltar a ser rejeitado. Felizmente, ele acabou aceitando.

Durante quarenta anos, Deus fez com que Moisés ficasse no lugar onde ele o queria — longe dos olhos dos outros e amadurecendo o seu caráter. O chamado de Moisés como pastor foi a base para o seu chamado como líder que interagiria com os mais altos escalões do governo egípcio.

Você e o seu Deserto

No seu livro 48 Days to the Work You Love [48 Dias para o Trabalho que Você Ama], Dan Miller conta a história de um jovem que descrevia o seu trabalho nas seguintes palavras: "Uma antítese às minhas expectativas pessoais e profissionais. Não realizador em múltiplos níveis: falta de significado e de objetivo; uma busca míope pelo todo-poderoso dólar; uma viagem parasítica e interminável às águas rasas da avareza".3 Este jovem poderia desejar trocar de emprego, mas e se ele não quisesse isso? Como sobreviver em uma terra tão estéril?

> **É no deserto, não no palácio, que Deus descobre as profundezas da sua entrega a Ele.**

Em suma, se ele puder enxergar o seu trabalho como um chamado, ele poderá produzir frutos para Deus até mesmo no deserto. Viajei através do Deserto do Sinai muitos anos atrás, e foi muito refrescante poder chegar a um oásis. Nós não conseguíamos ver qual o curso d'água que o abastecia, mas sabíamos que ele estava lá. Da mesma forma, nós, como cristãos, somos chamados a ser um oásis de refrigério, até mesmo em ambiente de trabalho que é moral e espiritualmente árido. Sim, até no deserto podemos frutificar se somos nutridos e refrigerados por um curso d'água oculto.

Imagine dois homens que trabalham em uma terra estéril. Um deles assume o caráter vigente no ambiente e se torna sombrio, sem propósito, sem esperança e perde o significado da sua vida. O outro, no mesmo ambiente, tem recursos ocultos e, portanto, cultiva uma atitude de gentileza e propósito. O contraste é evidente para todos os que têm olhos para ver.

Leia a descrição destes dois homens, diretamente do coração de Deus para o seu:

> Assim diz o SENHOR:
>
> "Maldito o homem que confia no homem, e faz da carne o seu braço, e aparta o seu coração do SENHOR!
>
> Porque será como a tamargueira no deserto e não sentirá quando vem o bem; antes, morará nos lugares secos do deserto, na terra salgada e inabitável.
>
> Bendito o varão que confia no SENHOR, e cuja esperança é o SENHOR.
>
> Porque ele será como a árvore plantada junto às águas, que estende as suas raízes para o ribeiro e não receia quando vem o calor, mas a sua folha fica verde; e, no ano de sequidão, não se afadiga *nem deixa de dar fruto*."
>
> (Jr 17.5-8, grifo acrescentado)

Você pode trabalhar em um ambiente onde os palavrões e as piadas de mau gosto são comuns; onde os colegas de trabalho puxam o tapete e se criticam uns aos outros. Você aceita fazer parte disso, ou existe algo diferente em você que deixa claro que as suas raízes subterrâneas chegam até um curso d'água oculto? Deus lhe colocou neste lugar complicado para que você seja ali uma testemunha sua. O local de trabalho pode, na verdade, transformar-se em uma plataforma para você dar um testemunho engajado, porque você está servindo a Cristo. Ali é também o lugar onde o verdadeiro caráter pode ser lapidado.

Três homens estavam de joelhos trabalhando com pedras. Quando alguém perguntou o que eles faziam, o primeiro disse: "Estou cortando pedras." O segundo homem disse: "estou ganhando para o meu sustento," e o terceiro disse: "Estou construindo uma catedral." Atitude é tudo.

Até no deserto podemos frutificar se somos nutridos e refrigerados por um curso d'água oculto.

Até mesmo a vida de um pastor pode se transformar em um chamado divino se deixarmos Deus ser Deus, na nossa vivência diária no trabalho.

Uma Oração

Pai, ajuda-me a mudar a minha perspectiva a respeito do meu trabalho. Peço-te que me dês a graça para ver que estás envolvido comigo no meu trabalho diário. Permita que eu veja o meu trabalho como a tua missão para mim — como o meu chamado, a minha oportunidade de levar honra ao teu nome.

Quero te agradecer porque o meu trabalho é difícil; obrigado por me ajudar a enxergar que este é o meu chamado. Ensina-me como poderei aprofundar as minhas raízes neste deserto que é o meu local de trabalho. Que eu possa ser tua testemunha onde quer que eu esteja. Que eu possa entregar cada um dos meus dias a ti — o meu trabalho, os meus compromissos e os meus relacionamentos. Eu, sinceramente, transfiro todas estas coisas para as tuas mãos. Obrigado que Tu é o meu patrão maior.

7

Quando Você Machuca outras Pessoas

Remorsos que não são facilmente resolvidos

E, agora, a parte difícil.

Uma coisa é termos a certeza do perdão de Deus para os nossos erros, mas o que fazer quando as nossas decisões erradas acabaram por machucar outras pessoas? Uma resposta curta, obviamente, é que precisamos pedir perdão e buscar reconciliação com a pessoa a quem prejudicamos. Mesmo depois de termos provocado sofrimento na vida de outras pessoas, a esperança, a restauração e a cura são possíveis. Deus sempre toma o partido daqueles que querem fazer aquilo que é certo, custe o que custar.

Recentemente, quando saí da minha cidade, decidi que precisava cortar o cabelo. Mal sabia eu que Deus estava preparando um encontro entre a cabeleireira eu e, a quem chamaremos de Susan. Sim, eu creio que Deus trabalha com uma espécie de agendamento divino para as coisas. No momento em que me sentei na cadeira, Susan me perguntou o que eu havia feito naquele dia. Disse que havia trabalhado em um livro chamado "Viva em Plenitude, apesar das suas Decisões Erradas," e que estava trabalhando em um capítulo que tratava sobre como viver a plenitude de um casamento complicado.

Ela mal conseguia crer no que estava ouvindo! Disse-me que estava afastada do seu marido fazia aproximadamente um ano, porque ele a havia enganado ao desperdiçar, secretamente, grande parte da renda da casa em jogatinas. Durante aquele ano de separação, ela tivera um caso com um homem que, agora, estava frequentando o mesmo grupo de recuperação de Susan e do seu marido. A nova namorada daquele homem sabia do caso e havia contado o ocorrido a muitas das suas amigas. Susan chamara a namorada do seu ex-namorado pedindo-lhe que não espalhasse o caso, mas a conversa entre as duas acabou não sendo muito boa e, agora, mais pessoas ficaram sabendo.

Apavorada com a possibilidade de o marido descobrir sobre o caso, Susan vivia em medo e depressão constantes. Ela não conseguia dormir, nem mesmo relaxar, em função do pavor em imaginar que, a qualquer momento, o seu marido pudesse descobrir o que havia feito. Ele ficaria furioso, disse ela, e ela também sabia que "liberar perdão não era o seu forte". Susan acreditava que aquilo seria o fim do casamento, com grandes implicações para ela e para os seus dois filhos.

Deus sempre toma o partido daqueles que querem fazer aquilo que é certo, custe o que custar.

Quando ela terminou o corte do meu cabelo, encostou-se em uma parede naquele salão de beleza grande e vazio e chorou. Ouvi o seu pranto e pedi a Deus que me desse sabedoria para a aquela hora. Embora Susan não tivesse uma experiência religiosa formal, disse que acreditava em Deus e que havia orado a Ele no seu desespero. Pensou que eu poderia ser uma resposta às suas orações. Ela concordou que somente Deus seria capaz de provocar aquele encontro.

O que ela deveria fazer? Deixando de lado a questão de um cônjuge poder ou não descobrir a verdade, será que o companheiro adúltero sempre tem a responsabilidade de confessar o seu erro? E o que você faria se tivesse arruinado o seu relacionamento, seja por causa de fraude ou por causa de falsas acusações que você fez? Até que ponto você deve confessar e para quem deve confessar?

Quando Confessar

Algumas coisas ficam melhores se não forem confessadas. Por exemplo, não confesse pensamentos negativos que tenham passado pela sua mente a respeito da sua esposa, de amigos ou de companheiros de trabalho. Não há proveito algum em se levantar problemas que somente alienarão um relacionamento em vez de promover reconciliação. Os pensamentos negativos que tenhamos a respeito de outras pessoas devem ser confessados a Deus e quase sempre deixados com Ele. É claro que existem exceções — por exemplo, quando a nossa ira faz com que pratiquemos algo errado ou que machuque outra pessoa.

> **O que você faria se tivesse arruinado o seu relacionamento, seja por causa de fraude seja por causa de falsas acusações que você fez?**

O Exercício da Discrição

Uma mulher me perguntou: "Eu deveria confessar que menti em um juramento que fiz há vinte e quatro anos"? A mentira em um juramento é uma grave ofensa, na verdade, Deus nos diz que o inferno está repleto de mentirosos. Contudo, depois de vinte e quatro anos, as circunstâncias já são drasticamente diferentes, e pode não ser possível uma confissão às pessoas envolvidas. A confissão a uma outra pessoa pode ser útil, mas, às vezes, é melhor simplesmente orar a Deus e pedir sabedoria sobre como resolver nesse tipo de situação.

Sei de um caso no qual o marido ficou verdadeiramente irado, divorciou-se da esposa, usando os filhos como moeda de troca e importunando a ex-esposa sempre que podia. Ele começou uma série de processos legais contra o seu antigo empregador, contra os seus amigos e a sua esposa em litígio. Nestes casos, mesmo que alguém lhe tenha enganado, não haveria motivo para uma confissão, pois esta só serviria de desculpa para mais hostilidades, mais processos e mais violência. Há momentos — que são raros, porém — em que um pedido de perdão somente serviria para justificar outras retaliações, portanto é melhor deixar a questão em aberto, na confiança de que Deus revelará a verdade no dia do juízo.

Às vezes, é melhor simplesmente orar a Deus e pedir sabedoria sobre como resolver esse tipo de situação.

O adultério é outra questão. Este ato é uma violência tão grande da confiança, que afeta diretamente a intimidade do relacionamento do casal. Como uma traição causa um peso mental e emocional tão grande, é quase sempre necessário que ele seja confessado à pessoa que foi defraudada. Sim, Susan tinha uma dívida com o seu marido, assim como um marido desonesto também precisa contar a verdade à sua esposa. Em razão da natureza da aliança do casamento, o pecado sexual não é somente um pecado contra a pessoa *que é a nossa parceira no pecado*, mas também *contra o cônjuge cuja confiança foi traída*.

Entretanto, preciso alertá-lo que em uma confissão desta gravidade, não devemos somente levar em conta a nossa capacidade de admitir os nossos pecados, mas também a capacidade do nosso cônjuge digerir aquilo que temos a dizer. Geralmente, é sábio da nossa parte fazer uma visita a um conselheiro para sabermos o que deveríamos falar (e o que não deveríamos falar). Já vi casos em que o marido quis ser "completamente honesto" e confessou coisas como um caso com uma companheira de trabalho, pensamentos lascivos ou coisas do gênero. Sem uma orientação adequada, esse tipo de confissão, geralmente, provoca o rompimento de um relacionamento que, aparentemente, não poderá mais ser revertido.

A quebra de promessas, negociações financeiras ilícitas e pecados de abuso e ira precisam ser comunicados na presença da pessoa a quem ofendemos. Mesmo que esses pecados tenham sido cometidos há muito tempo, as pessoas que foram ofendidas jamais se esquecem do que aconteceu.

Em uma confissão, não devemos somente levar em conta a nossa capacidade de admitir os nossos pecados, mas também a capacidade do nosso cônjuge digerir aquilo que temos a dizer.

Deixe-me fazer a você uma pergunta: quanto tempo você levaria para se esquecer de que um amigo lhe roubou, por exemplo, R$ 12.000 reais? Um ano? Cinco anos? Dez anos? Por quanto tempo você se lembra de uma mentira que lhe pregam? Sem perdão e reconciliação, nós, provavelmente, acabaremos levando essas memórias para o túmulo. É muito raro que estas lembranças ruins sejam apagadas da nossa memória; só o perdão e a reconciliação podem nos libertar e fazer com que nos esqueçamos tudo e sigamos adiante.

"Ele jamais me pediria perdão!": — disse-me uma senhora idosa há pouco tempo. Seu marido, agora com oitenta anos, está morrendo. Os seus filhos o acusavam de abusar deles tanto física quanto verbalmente, enquanto cresciam, só que o homem não conseguia, ou não iria admitir o abuso e, por isso, recusava-se, teimosamente, a pedir perdão. Se ele pensa que, em função de tudo ter ocorrido há tanto tempo, os seus atos já teriam sido esquecidos pelos filhos, ele está, simplesmente, negando a realidade. Pense em como as coisas seriam diferentes se ele humilhasse, admitisse a verdade e dissesse aos filhos: "Por favor, perdoem-me, eu lhes defraudei de forma terrível.

Só o perdão e a reconciliação podem nos libertar e fazer com que nos esqueçamos tudo e sigamos adiante.

Perdão e Restituição

Eis o ponto crítico para muitas pessoas: o perdão e a reconciliação, normalmente, precisam ser acompanhados por uma restituição. No Novo Testamento, temos a história de Zaqueu, um cobrador de impostos que almoçou com Jesus. Zaqueu, imediatamente, percebeu as implicações da sua nova fé e do perdão recentemente recebido, e declarou: "Senhor, eis que eu dou aos pobres metade dos meus bens; e, se em alguma coisa tenho defraudado alguém, o restituo quadruplicado" (Lc 19.8). Os cobradores de impostos, naquela época, eram conhecidos pela corrupção, pela ganância, pela fraude e pelas ameaças. Não tenho dúvida de que a salvação custou caro para aquele homem, à medida que restituiu generosamente às pessoas por ele defraudadas.

Um exemplo mais contemporâneo vem de um construtor cristão que empregou materiais de segunda linha na construção de casas. Ele anunciava um nível de qualidade, mas entregava outro. Quando não conseguiu mais suportar a dor na consciência, enfrentou uma pergunta de muitíssima gravidade: "será que estou disposto a fazer qualquer coisa que Deus exigir de mim, independentemente do preço a ser pago"? Com um desejo crescente de agradar a Deus, ele pegou todas as suas economias, hipotecou a sua casa, e devolveu tudo que pôde a cada um dos seus clientes. Eu lhe perguntei, certa vez: "E valeu a pena?" Ele me respondeu: "Valeu cada centavo".

E o que dizer da pessoa que mentiu em uma ação trabalhista, ao afirmar que foi machucada no trabalho, quando, na verdade, o ferimento ocorreu enquanto ela estava numa caçada? Agora, todos os meses, pelo resto da sua vida, ela receberá, de forma fraudulenta, um cheque. Quando foi informada que deveria corrigir isso, ela respondeu: "Você acha que eu seria assim tão tola a ponto de falar a verdade e ir presa em vez de, simplesmente, aceitar isso e seguir com a minha vida?" Porém, como uma

Será que estou disposto a fazer qualquer coisa que Deus exigir de mim, independentemente do preço a ser pago?

pessoa poderá "seguir com a sua vida" enquanto continua recebendo um dinheiro que é fruto de uma fraude? Não é melhor estar na cadeia, mas de consciência limpa, do que aposentado e sabendo que, dia após dias, estamos descontentando a Deus?

Nos meus arquivos, tenho a história de um homem que cometeu um assassinato quando tinha os seus vinte e poucos anos. Ele era um dos suspeitos, na época, mas jamais foi condenado pelo crime. Posteriormente, casou-se e teve vários filhos e achou que levaria este segredo para a sepultura. Só que, num certo dia, ele acabou se convertendo ao cristianismo. E, a partir daquele momento, com esta nova sensibilização da sua consciência, sabia que deveria fazer o que era certo. Ele, então, dirigiu-se até as autoridades e hoje está vivendo em prisão perpétua em um presídio. Contudo, ele disse:

> Deus foi fiel à sua promessa e me manteve firme. Na hora da verdade, embora eu tivesse me tornado um prisioneiro do estado, fui libertado diante de Deus pela primeira vez na minha vida. Não consigo descrever a sensação de ter este peso retirado dos meus ombros — o Senhor, agora, tinha o seu filho, outrora desobediente, nos seus braços amorosos; e, fiel a esta promessa, Ele não permitiu que eu caísse! Uma paz maravilhosa inundou a minha alma, uma paz que não pode ser comparada a nenhuma outra sensação que já havia conhecido na minha vida. Agora estou confinado em um presídio de segurança máxima, cumprindo pena por homicídio culposo. Só que sinto mais liberdade e mais paz do que em qualquer outra época da minha vida.[1]

Nada é mais precioso do que uma consciência limpa diante de Deus.

Eis um homem que está fisicamente preso, mas espiritualmente livre. Nada é mais precioso do que uma consciência limpa diante de Deus.

Passos em Direção à Reconciliação

Quão ardente é o seu desejo por obter uma consciência limpa como o céu azul?

Há quem diga que jamais ficamos tão semelhantes a Deus, como quando perdoamos; e nunca ficamos tão semelhantes aos homens, quando percebemos que a nossa necessidade por perdão. Nós também nunca agradamos mais a Deus do que no momento em que admitimos a nossa parte da culpa em um relacionamento problemático. Devemos estar dispostos a dar qualquer passo necessário para trazer paz ao lugar onde existe animosidade e conflito.

Eis alguns passos que ajudarão você a extrair o melhor possível de um sofrimento causado por você na vida de outra pessoa. Embarque neste processo com um coração aberto a Deus.

Quando desejamos admitir uma verdade que irá nos reconciliar com uma pessoa a quem defraudamos, precisamos clamar a Deus para que Ele conceda a sua força e a sua sabedoria.

Ore com Honestidade

A oração pode parecer um passo óbvio e elementar, mas não assumamos uma atitude de presunção diante do poder de Deus. Temos aqui uma promessa que você poderá reivindicar: "O Senhor é a minha luz e a minha salvação; a quem temerei? O Senhor é a força da minha vida; de quem me recearei?" (Sl 27.1). Quando desejamos admitir uma verdade que irá nos reconciliar com uma pessoa a quem defraudamos, precisamos clamar a Deus para que Ele conceda a sua força e a sua sabedoria.

Jesus nos ensinou que as nossas falhas privadas devem ser tratadas de modo privado, mas se o assunto não é resolvido, uma ou duas pessoas devem ser convidadas para encontros de reconciliação. E, se este encontro maior não redundar em reconciliação, então o problema passa a ser objeto de juízo dos líderes da igreja. É nesse contexto que Jesus faz uma promessa maravilhosa: "Também vos digo que, se dois de vós concordarem na terra acerca de qualquer coisa que pedirem, isso lhes será feito por meu Pai, que está nos céus. Porque onde estiverem dois ou três reunidos em meu nome, aí estou eu no meio deles" (Mt 18.19,20). A presença de Deus se torna especialmente evidente quando nos reunimos para conceder e pedir perdão.

Recorra à Ajuda de um Conselheiro

Para questões sérias como casos de infidelidade, é sábio fazer a sua confissão na presença de um mediador, de um conselheiro ou de um pastor que possa ajudar a parte ofendida a absorver o impacto e ajudá-la a iniciar o processo de perdão. Em alguns casos, como, por exemplo, nos que é possível que a pessoa ofendida possa reagir com violência ou alguma outra forma de comportamento irracional, é absolutamente necessário que a confissão se dê na presença de uma terceira parte que seja de confiança e capacitada. Outra razão para trazer alguém junto com você é a necessidade de prestação de contas, bem como a necessidade de uma testemunha acerca daquilo que foi dito e da resposta recebida.

Uma das situações de aconselhamento mais complicadas ocorridas no meu ministério foi quando eu estava presente no momento em que uma mulher contou ao seu marido que o terceiro filho do casal não era dele. Você é capaz de imaginar o choque, a sensação causada por aquela traição, e as perguntas não respondidas que aquela confissão fez surgir. A consciência atormentada daquela mulher não conseguiu mais suportar as mentiras e o engano; a verdade precisava vir à tona, independentemente das consequências. Tentei persuadir o marido a abraçar uma grande dose da graça divina e aceitar aquela criança como sua própria filha. Inicialmente, ele concordou em fazer isso, mas depois de muito tempo o ouvi falar que aquele casamento havia sucumbido. Perdi contato com o casal, mas continuei orando a fim de que o casamento sobrevivesse àquele período de tormentas.

Estou querendo dizer que em certos momentos precisamos da presença de outras pessoas em uma hora de confissão. Quando há um confronto que pode gerar consequências negativas, é sempre sábio da nossa parte levar alguém junto conosco.

Determine-se a Assumir Total Responsabilidade pelas suas Ações

A nossa tendência é de manipular astutamente o nosso lado da história com a intenção de justificar os nossos erros com base nos erros que foram cometidos contra nós pelas outras pessoas, ou de dizer que os erros que o nosso parceiro, ou familiares, cometeu contribuíram para o nosso erro. Alcoólatras, podem ser, particularmente, propensos a culpar outras pessoas pelas suas ações; a culpa é sempre do cônjuge, do patrão, do colega de trabalho. Uma atitude de negação ou de repasse da culpa jamais poderá trazer a reconciliação. Este pedido de perdão acompanhado por uma série de desculpas normalmente provoca rejeição ou, na melhor das hipóteses, uma reconciliação de caráter parcial.

> **Em alguns casos é absolutamente necessário que a confissão se dê na presença de uma terceira parte que seja de confiança e capacitada.**

Quando você procura se reconciliar, fale como se o erro fosse 100%. Permita-me uma nota explicativa. Suponhamos que haja uma rixa entre você e a outra pessoa e você esteja suficientemente convencido de que somente 20% da culpa cabem a você. Isso significa que você considera, na verdade, a outra pessoa como detentora de 80% da culpa. A sua inclinação é considerar que a outra pessoa é quem deveria vir até você para consertar o relacionamento. Porém, deixe-me dizer uma coisa de forma bem clara: você precisa tratar o seu 20% de falha como se ele fosse 100%, porque somos 100% responsáveis pela nossa parcela do problema, seja ela grande seja pequena.

Se você assumir a total responsabilidade pela sua parte no rompimento do relacionamento, a sua confissão poderá ser uma ponte sobre a qual a outra pessoa atravessará e, por sua vez, pedir-lhe-á perdão. É comum que o nosso desejo de fazer as coisas da melhor forma faz com que as outras pessoas sejam tocadas em seu espírito e retribuam a nossa atitude. Porém — e isto é importante — precisamos estar dispostos a dar o primeiro passo, independentemente de como a outra pessoa responda. Devemos limpar o nosso lado da bagunça sem implicações para a outra pessoa. Precisamos tratar a nossa parte (mesmo que ela seja pequena) como se fosse a totalidade do problema e, depois, devemos simplesmente entregar a outra pessoa a Deus e não tomar sobre nós as suas responsabilidades.

Normalmente nosso desejo de fazer as coisas da melhor forma faz com que as outras pessoas sejam tocadas em seu espírito e retribuam a nossa atitude.

Quando confessamos o nosso erro, não devemos fazer isso da pequenina palavra "*se*". Não diga, "*Se* eu o machuquei..." Não finjamos que poderíamos estar enganados acerca da nossa percepção, quando conhecemos muito bem a nossa culpa. Em vez disso, deveríamos simplesmente dizer: "Eu sei que o ofendi, e vim aqui para lhe pedir o seu perdão". A seguir, devemos explicitar qual foi a nossa ofensa para que não haja dúvida acerca da questão a ser resolvida. Depois, poderemos acrescentar: "Espero que você receba o meu pedido no seu coração e me perdoe".

Avalie a Resposta

Quando confessamos o nosso erro para outra pessoa, o que gostaríamos de ouvir como resposta é: "Sim, eu lhe perdoo". Mas, faz parte da natureza humana fugir dessas palavras; a maioria das pessoas não deseja fazer uma afirmação categórica de que, de fato, concederam o perdão. É mais provável que a outra pessoa diga: "Não há problemas", ou ela poderá, simplesmente, dizer: "Tudo bem". É óbvio que a pessoa também poderá ficar em silêncio ou dizer: "eu não consigo perdoar você".

Devemos explicitar qual foi a nossa ofensa para que não haja dúvida acerca da questão a ser resolvida.

Lembre-se que, às vezes, as pessoas não querem conceder perdão, porque se elas lhe perdoarem, ficarão com a tarefa inglória de cuidar do seu lado do problema. Elas podem ter usado o que você fez para justificar a sua ira e o seu espírito de revanche. A aceitação do seu pedido de perdão retira o peso do seu lado da balança; elas precisarão, agora, enfrentar a sua própria parte na ofensa.

Se elas disserem: "não sei se consigo lhe perdoar", peça-lhes para lhe informarem quando estiverem prontas para fazerem isso. E, se elas não lhe perdoarem, pelo menos você saberá que fez o que podia para resolver a sua parcela do problema. Com isso em mente, você poderá ficar com a consciência tranquila.

Quando a Reconciliação não Funciona

O que acontece quando a reconciliação não funciona? Suponhamos que você vá até alguém, humildemente, pedir o seu perdão e tenha o seu pedido rejeitado, seja envergonhado e humilhado por esta pessoa. O que fazer quando o seu pedido de reconciliação é rechaçado com ira e desejo de vingança?

O que fazer quando o seu pedido de reconciliação é rechaçado com ira e desejo de vingança?

Ou, o que fazer quando você confronta um abusador com o mal que ele lhe causou? Um homem da nossa congregação me disse que confrontou um tio que havia abusado sexualmente dele. O abusador ficou quieto por alguns instantes e, depois, caminhando, retirou-se do recinto, o que representa a mesma resposta dada pela maioria dos abusadores ao serem confrontados.

O que fazer quando as outras pessoas não nos perdoam? Ou quando se recusam a reconhecer o mal que nos causaram? Não temos o controle sobre a resposta das outras pessoas. Tudo o que podemos fazer é aceitar a responsabilidade pelo nosso lado do problema. Às vezes, temos que aceitar o fim de um relacionamento ou, simplesmente, deixar a situação nas mãos de Deus para que Ele resolva a situação.

Aceite o Fim de um Relacionamento

Precisamos aceitar o fato de que, às vezes, um relacionamento rompido não pode ser reatado. No capítulo 3, falei sobre um diácono que se divorciou da sua esposa, depois de muitos anos de casamento para se casar com o seu novo amor, o que provocou uma devastação nos seus relacionamentos familiares. A sua nova paixão não durou muito tempo e a sua nova esposa acabou o colocando para fora de casa. Mais tarde, mesmo tendo confessado as suas escolhas pecaminosas, ele teve que conviver com a ideia de que não poderia mais consertar os relacionamentos que arruinou.

Num outro caso, dois homens cristãos decidiram comprar e reformar uma casa antiga e, posteriormente, revendê-la para fazer dinheiro. Um deles comprou a casa, e o outro, o que fez a reforma, gastou milhares de dólares do seu cartão de crédito pessoal para o material de construção e despesas diversas na obra. Obviamente, ele esperava ser reembolsado pelo seu amigo que havia comprado a casa. Só que depois de feita a reforma, eles, simplesmente, não conseguiam vender a casa. O homem com a dívida no cartão de crédito insistiu com o outro para que lhe fizesse o reembolso; o homem que havia comprado a casa alegou não ter mais dinheiro e que somente poderia pagar o amigo depois que a casa fosse vendida. Os dois não conseguiram se reconciliar nesta questão por uma simples e boa razão: cada um olhava para a situação através dos seus próprios óculos, e

> **Não temos o controle sobre a resposta das outras pessoas. Tudo o que podemos fazer é aceitar a responsabilidade pelo nosso lado do problema.**

ambos divergiam honestamente acerca de como o problema deveria ser resolvido. Depois de termos feito tudo que estava ao nosso alcance para conseguir a reconciliação, precisamos seguir adiante na nossa jornada. Precisamos lembrar de que nós, junto com as pessoas que se separaram de nós, temos um encontro com o destino. A nossa luta para nos conectarmos com os outros nos proporciona uma oportunidade de crescermos à semelhança de Jesus, que não sentiu a necessidade de resolver todas as questões de injustiça ao seu redor, mas entregou o seu caso para o juiz dos juízes (1 Pe 2.21-23). O seu pai, sabia Jesus, ao final pesaria tudo na balança da justiça. Então o que fazer quando erramos e os outros não nos perdoam? O que fazer quando o nosso pedido de perdão é interpretado como uma expressão vazia de egoísmo e de clichês que visam aliviar a nossa culpa? O que fazer quando um relacionamento não pode ser reatado em função do mal que os outros nos causaram?

Depois de termos feito tudo que estava ao nosso alcance para conseguir a reconciliação, precisamos seguir adiante na nossa jornada.

Mesmo que, às vezes, tenhamos que aceitar a morte de um relacionamento, jamais devemos perder a esperança. Enquanto as duas partes estiverem vivas, sempre existirá a possibilidade de, pelo menos, uma reconciliação parcial. Devemos orar constantemente pela bênção de Deus sobre a vida daqueles que nos rejeitaram e fazer tudo o que estiver ao nosso alcance para restaurar um relacionamento civil, mesmo que os níveis anteriores de confiança e intimidade não possam mais ser reparados. Dois missionários que não conseguiam se olhar olho no olho enquanto serviam juntos na América do Sul, chegaram a um ponto de rompimento no relacionamento.

Mesmo que o tempo não cure todas as feridas, muitas vezes oferece perspectivas às pessoas.

Com a desconfiança dos dois lados, e estando cada um deles convicto de ter a razão na história, uma reconciliação genuína parecia fora de questão. Mas, podemos nos consolar na certeza de que Deus, ao final, trará todas as coisas à luz. Hoje, estes dois missionários, além de terem se perdoado mutuamente, acabaram se tornando amigos íntimos. Deus é capaz de realizar este milagre na sua vida também!

Se a reconciliação não ocorrer, repouse na certeza de que você fez o que poderia para reparar o dano causado. Tudo o que não for resolvido na terra será resolvido na eternidade.

Creia que Deus Acertará as Contas

Questões não resolvidas devem ser deliberadamente colocadas nos ombros de Jesus Cristo. Ele é capaz de carregar aquilo não conseguimos. Que a nossa angústia a respeito dos relacionamentos rompidos nos faça lembrar da grande necessidade que temos da graça de Deus; entretanto, não fiquemos paralisados, pensando que as nossas vidas terminaram por aí. Jesus não foi um fracassado porque não conseguiu reconciliar todas as pessoas consigo mesmo antes de partir. Até mesmo com as melhores intenções, os relacionamentos, frequentemente, acabam ficando com questões pendentes. Depois de fazermos tudo o que estiver ao nosso alcance para chegar a uma reconciliação, precisamos crer que Deus irá resolver estas questões do seu próprio jeito — talvez ainda durante as nossas vidas, mas, isso, com muito mais probabilidade, ocorrerá na vida futura.

Podemos nos consolar na certeza de que Deus, ao final, trará todas as coisas à luz.

Podemos nos consolar na certeza de que Deus, ao final, trará todas as coisas à luz. "Porque em nada me sinto culpado; mas nem por isso me considero justificado, pois quem me julga é o Senhor. Portanto, nada julgueis antes de tempo, até que o Senhor venha, o qual também trará à luz as coisas ocultas das trevas e manifestará os desígnios dos corações; e, então, cada um receberá de Deus o louvor" (1 Co 4.5). Esta é uma referência ao trono do juízo de Cristo, onde todas as questões não resolvidas entre os crentes serão adjudicadas.

Quanto aos não convertidos, eles carregarão o peso total dos seus pecados para sempre. Portanto, seja como for, a justiça será feita; o castigo será perpetrado segundo os padrões mais meticulosos. É verdade que nos tribunais humanos a "justiça postergada é justiça negada". Entretanto, Deus nunca perde as evidências; Ele não contamina as suas descobertas durante um certo período de tempo. É por isso que podemos aguardar até o dia do Juízo Final onde tudo será certamente resolvido. Depois de fazermos tudo o que estiver ao nosso alcance, precisamos nos afastar do desejo de tomar as coisas em nossas próprias mãos. Em vez disso, devemos entregar o nosso caso nas mãos de Deus, confiantes de que todos as contas haverão de ser, ao final, acertadas.

Contudo, Davi se alegrou em Deus, mesmo sabendo que havia feito uma bagunça que jamais seria consertada.

O rei Davi chegou ao fim da sua vida sem se reconciliar com aqueles a quem defraudou. Depois de assassinar Urias, ele recebeu o perdão de Deus. Só que as suas lágrimas não foram suficientes para restaurar a pureza de Bate-Seba, nem o seu remorso traria Urias à vida. As suas outras mulheres ficaram ressentidas depois que Bate-Seba se mudou para dentro do palácio. Os seus filhos o desprezaram por causa da hipocrisia daquela sua falha moral. Contudo, Davi se alegrou em Deus, mesmo sabendo que seus atos trariam consequências. Ele orou:

> Faze-me ouvir júbilo e alegria, para que gozem os ossos que tu quebraste. Esconde a tua face dos meus pecados e apaga todas as minhas iniquidades. Cria em mim, ó Deus, um coração puro e renova em mim um espírito reto... Torna a dar-me a alegria da tua salvação e sustém-me com um espírito voluntário. Então, ensinarei aos transgressores os teus caminhos, e os pecadores a ti se converterão. (Sl 51.8-10,12,13)

Estas são palavras de esperança para todos que já haviam perdido!

Transforme-se em uma Pessoa que Cura todos os que Precisam de Graça

O apóstolo Paulo escreve: "Irmãos, se algum homem chegar a ser surpreendido nalguma ofensa, vós, que sois espirituais, encaminhai o tal com espírito de mansidão, olhando por ti mesmo, para que não sejas também tentado" (Gl 6.1). A palavra grega traduzida como *encaminhai* era, com frequência, utilizada para descrever o processo de reconstituição de um osso quebrado. Nunca tive uma fratura de osso, mas suponho que se quebrarmos um osso, não queremos que ninguém mexa no nosso corpo usando uma barra de ferro e fique tentando esticar tudo para que o osso volte ao seu lugar. Queremos que tudo seja feito com ternura, compaixão e habilidade.

Emocionalmente falando, muitas pessoas, nos dias de hoje, têm ossos quebrados, ou por causa de uma queda, ou por terem sido pisoteadas pelos outros. Paulo diria: "Certifique-se de estar fazendo esta cirurgia de forma muito, muito cuidadosa". Se você defraudou alguém, admita! — mas não só de forma superficial. Se você puder servir de reconciliador para outras pessoas, faça-o com muita ternura e paciência.

"Bem-aventurados os pacificadores, porque eles serão chamados filhos de Deus" (Mt 5.9).

Uma Oração

Pai, ajuda-me a estar disposto a fazer tudo o que quiseres que eu faça para ter uma consciência limpa de ofensas. Dá-me a sabedoria para saber o que devo dizer, como dizer, e para quem devo dizer. Dá-me a humildade de coração e mente para buscar a ajuda de amigos sábios que poderão me guiar ao longo deste processo. Dá-me a certeza do teu perdão sobre as decisões erradas que tomei que afetaram outras pessoas; e que eu, da minha parte, não demore para liberar o meu perdão.

8

Como Tomar Decisões Sábias

A sabedoria para a próxima vez

Um dia, enquanto estava de férias, junto com a minha família na localidade de *Lake of the Ozarks*, eu estava deitado em uma esteira inflável flutuante e desfrutando do calor do sol do Missouri. Depois de alguns momentos, percebi que a minha esteira se afastara do atracadouro e havia seguido em uma direção indesejada. Precisei de alguns minutos para me reorientar e localizar os pontos de referência que marcara em terra, bem como para perceber a distância que eu havia me afastado do local de onde eu havia partido.

É desse jeito que as coisas acontecem na nossa vida: caímos na realidade e descobrimos que estamos bem distantes do ponto inicial, e ficamos apavorados ao perceber como chegamos àquele ponto. Como foi que entramos na confusão na qual nos encontramos? Às vezes somos tentados a flutuar pela vida a fora, na esperança de que a nossa esteira inflável vá parar em um lugar seguro. Graças à lei das consequências indesejadas, nós, normalmente, acabamos em um lugar bem diferente do que imaginávamos. Ninguém planeja um divórcio; ninguém planeja entrar em falência; ninguém planeja trabalhar em um emprego que lhe faça sentido. Ninguém planeja ficar flutuando, ou vagando, pela vida sem um objetivo claro.

Por que tantas pessoas tomam decisões tão ruins? Normalmente isso ocorre porque elas acabaram aceitando uma mentira que predomina na nossa cultura: ou seja, que todos devemos, simplesmente, "seguir o que diz nosso coração". A Bíblia, entretanto, diz-nos que o nosso coração é, deveras, enganoso. Não sabemos intuitivamente o caminho a seguir, por isso flutuamos pela vida, de um impulso a outro. Precisamos de uma base mais sólida do que os nossos instáveis sentimentos para que sejamos guiados a um objetivo que valha a pena.

Precisamos de uma base mais sólida do que os nossos instáveis sentimentos para que sejamos guiados a um objetivo que valha a pena.

Entretanto, como poderemos tomar decisões melhores ao mesmo tempo em que avançamos? Sim, sabemos que Deus está ao nosso lado até mesmo nos nossos erros; mas pense em como seria melhor se pudéssemos evitar estes erros num primeiro momento. O fato de você estar lendo este livro é uma prova de que Deus ainda não o abandonou. Você ainda tem decisões importantes a tomar, e o seu futuro pode ser bem melhor do que o seu passado. Felizmente, sempre temos a escolha de entregarmos a Deus os pedaços das nossas vidas e permitir que Ele nos coloque, novamente, no caminho certo.

Neste capítulo, desejo compartilhar alguns princípios testados e comprovados que poderão nos ajudar a tomar decisões sábias. Sempre que apliquei estes princípios, fiz boas escolhas; quando os desprezei, acabei me lamentando pelo rumo que tomei. É incrível o quanto Deus trabalhará para impedir que tomemos decisões absurdas, se desejarmos, sinceramente, fazer aquilo que é reto e bom. Porém, precisaremos também nos submeter voluntariamente à sua vontade e ao seu propósito.

Não conhecemos o futuro, mas Deus o conhece e, como somente Ele é capaz de enxergar o que nos espera na virada das esquinas, a sabedoria nos informa que devemos primeiro fazer uso da sua ajuda antes de embarcarmos em uma nova aventura. Deus nos faz promessas que têm o seu cumprimento garantido por Ele: se desejarmos seguir a sua vontade com sinceridade, nos dará sabedoria quando nos depararmos com uma bifurcação no caminho. Se pedirmos com fé, Deus garante que nos responderá (vide Tg 1.5-8). Só que Deus não permitirá que fiquemos fazendo "joguinhos" com Ele; não nos dará sabedoria se a pedirmos com uma mente já previamente determinada. Pedir sabedoria significa que abriremos caminho e assinaremos um cheque em branco na esperança de que Deus o preencha em todos os detalhes.

Pedir sabedoria significa que abriremos caminho e assinaremos um cheque em branco na esperança de que Deus o preencha em todos os detalhes.

Nós, normalmente, não tropeçamos e caímos dentro de uma decisão sábia. A minha oração é para que os princípios deste capítulo o ajudem a ficar no caminho certo, de forma que você possa olhar para trás sem nenhum ressentimento, mas com a satisfação de saber que serviu a Deus no melhor das suas capacidades.

Antes de partilhar o que deveríamos fazer, vamos separar um tempo para aprender o que *não* deve ser feito.

Algumas Coisas que não Devem Ser Feitas

1. Não se deixe levar pelo caminho mais fácil. O caminho mais fácil, normalmente, não é o caminho correto; mas, normalmente, leva ao arrependimento e à ruína. Para ser mais específico, quando seguimos as nossas inclinações naturais, temos a tendência de nos desviarmos rapidamente da rota. Jonas, como você bem sabe, descobriu que tinha dinheiro suficiente para embarcar em um navio que ia para o Ocidente, quando Deus lhe havia enviado para o Oriente. Ele pensou que seria muito mais fácil fazer um cruzeiro pelo Mediterrâneo do que pregar para pessoas más, as quais ele odiava. Se você se lembrar do restante da história, perceberá que ele estava enganado — o anúncio da Palavra de Deus ao povo de Níneve teria sido muito mais fácil do que ser engolido por um peixe. Deus utilizou uma tempestade e um peixe para dar uma segunda chance a Jonas, e para ajudá-lo a enteder que o caminho mais fácil, normalmente, é uma viagem ao fundo do mar.

As decisões fáceis, normalmente, produzem os resultados mais dolorosos. Normalmente, as pessoas se casam porque o rompimento do relacionamento é visto como algo muitíssimo doloroso. "Eu sabia que não deveria ter me casado com ele" — disse-me, certa vez, uma mulher angustiada — "mas não tive forças para dizer não depois de tudo o que enfrentamos juntos". O término do noivado parecia muito mais difícil do que o planejamento do casamento; dizer não depois de anos de corte parecia uma carga impossível e teria resultado em perguntas embaraçosas e sofrimento pessoal. Em vez de fazer o que ela sabia que deveria ser feito, traiu os seus melhores instintos e decidiu enfrentar o casamento. Ela provou que o provérbio popular está correto: "Casado depressa, arrependido à beça". Ela aprendeu que as decisões tomadas de forma pouco refletida, normalmente, acabam em duras realidades; normalmente, o melhor caminho é aquele mais difícil.

As decisões fáceis, normalmente, produzem os resultados mais dolorosos.

A palavra *fácil* e a palavra *certo* raramente andam juntas. Quando nos deixamos levar pela correnteza, e não estamos dispostos a nadar contra a maré, em breve, descobriremos que teremos que lidar com uma decisão que foi fácil de ser tomada, mas que será difícil de ser vivida. O caminho mais fácil só produz rios tortuosos e cristãos arrependidos.

2. Não sacrifique aquilo que é permanente no altar daquilo que é imediato. Amy era uma jovem que, de modo bem peculiar, não gostava de ir à escola, por isso quando recebeu uma proposta para trabalhar em uma loja da sua localidade para vender roupas depois de terminar o segundo grau, ela a aceitou. Estar empregada significava independência e extravagância. Só que dez anos depois, quando já estava casada e cansada da monotonia do seu trabalho, não tinha nem dinheiro, nem tempo para frequentar uma faculdade. Ela não sabia na época, mas ao fazer o que parecia conveniente, deixou de enxergar as coisas a longo prazo. Ao tomar uma decisão, pense além do "hoje", vislumbre o restante da sua vida.

3. Não se apresse em tomar uma decisão, especialmente se ela for de grande importância. Às vezes, sentimos uma grande urgência para tomar uma decisão; talvez queiramos algo tão ardentemente que estamos dispostos a apressar o processo. Quando a Bíblia nos incentiva a "esperar no Senhor," ela quer dizer que devemos esperar que o Senhor nos dê a orientação que procuramos. Obviamente, não devemos usar isso como uma desculpa para a imobilidade, convencendo-nos de que estamos "simplesmente aguardando uma intervenção de Deus" quando haveria muito a ser feito para tornar as nossas vidas mais produtivas.

O "esperar no Senhor," significa que devemos esperar que o Senhor nos dê a orientação que procuramos.

Conheço dois homens que deixaram o seu emprego para começar o seu próprio negócio, na intenção de concorrer com o seu antigo patrão. Não há nada de errado nisso, obviamente. Só que, neste caso, o motivo era a pura ganância — o simples desejo de ganhar mais dinheiro, bem como de prejudicar o seu antigo patrão, por eles considerado como uma pessoa exigente e ingrata. Eles não se preocuparam em consultar Deus a respeito da sua decisão, pois já se consideravam capazes de constituir uma empresa forte; eles tinham o desejo de fazê-lo, e não viam motivo para que as suas ideias fracassassem.

Só que Deus, aparentemente, não estava impressionado com a sabedoria daqueles homens; como diz a Bíblia, o orgulho antecede a queda (Pv 16.18). A nova empresa faliu e eles desejaram ter continuado na posição que, um dia, tiveram.

Quando nos lançamos em uma decisão de forma impulsiva, especialmente quando temos os motivos errados, não podemos esperar receber a bênção de Deus. Mas, sim, quando nos arrependemos e oramos, Deus nos ajuda no exato lugar em que nos encontramos. Porém, é muito melhor considerarmos uma perspectiva de longo prazo. A vida, como já foi dito, é uma maratona, e não uma corrida de 100 metros rasos.

Quando nos lançamos em uma decisão de forma impulsiva, especialmente quando temos os motivos errados, não podemos esperar receber a bênção de Deus.

Eis um princípio que tive que aprender: precisamos dar tempo para que Deus nos diga o seu não para a decisão que estamos prestes a tomar. Descobri que Deus tem várias formas de abrir ou fechar portas. O que Ele quer mesmo é nos guiar no caminho certo.

4. Não seja insensato! O louco, conforme a definição que encontramos no livro de Provérbios, é uma pessoa que não dá atenção a conselhos. Ele é uma pessoa que não aprende com os seus erros e jamais se abre para receber orientação externa. O louco está muitíssimo satisfeito com a sua própria sabedoria. Eis aqui um alerta: "Não sejais como o cavalo, nem como a mula, que não têm entendimento, cuja boca precisa de cabresto e freio, para que se não atirem a ti" (Sl 32.9).

Algumas pessoas preferem "ir às compras" quando precisam de um conselho; quando não gostam do que ouvem de uma pessoa, vão para outra, até que encontram alguém que confirme o que já tinham maquinado na sua mente. Porém, quando você estiver procurando sabedoria, esteja preparado para ouvir conselhos com os quais poderá não concordar.

Muitas histórias podem ser contadas acerca de vidas perdidas por pessoas que estavam determinadas a fazer as coisas do seu próprio jeito, desconsiderando a sabedoria da Bíblia e o sábio conselho dos seus amigos e familiares.

Como Fazer Escolhas Sábias em uma Época de Confusão

Como eu já disse, decisões sábias são aquelas que tomamos tendo o fim como perspectiva. Precisamos determinar quem desejamos ser no fim das nossas vidas se quisermos tomar decisões inteligentes aqui e agora. Tive um professor do seminário que nos contou que deveríamos sempre nos perguntar: "o que eu devo fazer hoje que, ao olhar para trás, daqui a vinte anos, eu desejaria ter feito"? Em outras palavras, precisamos olhar para além daquilo que é o nosso desejo imediato, olhar para aquilo que nos ajudará mais adiante na estrada da nossa vida. Os princípios a seguir nos ajudarão a permanecer no caminho certo.

Precisamos olhar para além daquilo que é o nosso desejo imediato, olhar para aquilo que nos ajudará mais adiante na estrada da nossa vida.

Verifique os seus Motivos

Separe tempo para se certificar de que a motivação da sua decisão é o desejo de Deus e não simplesmente o seu próprio desejo. Ou, colocando de outra forma, a primeira pergunta que deveríamos fazer não é: "o que me fará feliz?", mas sim, "o que Deus quer que eu faça?". Outra pergunta, só que ainda mais básica é: "estou *disposto* a fazer o que Deus quer que eu faça?". Creio que a única razão mais importante pela qual tomamos decisões erradas é a nossa recusa teimosa em nos submetermos a Deus. Seja por medo da sua expectativa para conosco, ou porque pensamos que Ele nos imporá restrições, nós nos fingimos de crentes que são capazes de assumir o controle das nossas próprias vidas nos nossos próprios termos.

Todos temos uma imagem mental da vida que desejamos: um casamento feliz, uma casa bonita, o reconhecimento pelos nossos feitos, um pouco de conforto na vida e uma aposentadoria em pouca idade. Tudo isso precisa ser rendido a Deus. O risco, suponho eu, é que as nossas ambições sejam canceladas caso nos sujeitemos com honestidade a tudo o que Deus pedir. Não podemos dizer: "Deus, por favor, dê-me uma ideia do que tu tens em mente para a minha vida, para que eu possa decidir se eu gosto ou não".

O risco é que as nossas ambições sejam canceladas caso nos sujeitemos com honestidade a tudo o que Deus pedir

Somos todos gratos porque Jesus, no Getsêmani, não colocou a sua felicidade pessoal acima da vontade de Deus. "Pai, se queres, passa de mim este cálice; todavia, não se faça a minha vontade, mas a tua" (Lc 22.42). É claro que a maior parte das nossas decisões não é nem tão clara, nem tão difícil, contudo a ideia permanece: precisamos separar tempo para fazer a nós mesmos algumas perguntas difíceis a respeito do que Deus possa desejar de nós. Ele nos dá, de fato, o melhor de si àqueles que lhe entregam a decisão.

Ponha na Balança as suas Prioridades

Quando você enfrentar uma decisão importante, pese as suas prioridades. Pegue uma folha de papel e anote os prós e os contras, prestando muita atenção ao que a decisão significará para você, para a sua família e para o seu sentimento de realização. O emprego que paga mais não é, necessariamente, o melhor para você. Muitas pessoas já sacrificaram o que é mais importante por algo que é de menor importância. Por isso, você precisará fazer a si mesmo algumas perguntas duras: o que esta decisão significa para a minha saúde emocional e espiritual? Que impacto terá sobre a minha família? Ela implicará em algum comprometimento das minhas

Precisamos olhar para além daquilo que é o nosso desejo imediato, olhar para aquilo que nos ajudará mais adiante na estrada da nossa vida.

convicções pessoais? Estou fazendo isso somente para reforçar o mês *status* pessoal, ou existe alguma razão eterna mais nobre pela qual estou fazendo esta escolha específica?

Sempre que puder, troque o sucesso pelo que é significativo. D.L. Moody, o fundador da igreja onde participo, tinha a ambição de se transformar no vendedor mais bem-sucedido da nossa região; só que ele mudou a sua mente depois de ouvir um grupo de meninas da Escola Dominical orar pelo seu professor às portas da morte. Ele disse a si mesmo que o dinheiro jamais voltaria a tentá-lo. Conseguiu ver o quadro como um todo, e isso o motivou a aumentar o seu trabalho entre as crianças pobres de Chicago — uma decisão que o levou a se transformar em um dos evangelistas mais famosos do mundo. Obviamente, não estou sugerindo que podemos fazer tudo o que Moody fez, mas podemos optar pelo significativo e deixar de lado o sucesso, na forma como este é normalmente definido pelos padrões seculares.

O conhecimento é importante no momento em que tivermos que tomar uma decisão, só que os fatos precisam ser combinados com a sabedoria. A sabedoria é a capacidade de enxergar além dos prós e contras, e vislumbrar outros fatores que podem não ser óbvios em uma simples análise da informação. A sabedoria, como já enfatizei, vem a nós da parte de Deus e dos lábios de pessoas sábias que encontramos na nossa caminhada.

Entregue-se até Encontrar a Paz Pessoal

Eis aqui mais um sábio conselho que todos poderemos utilizar: "[que] a paz de Deus, para a qual também fostes chamados em um corpo, domine em vossos corações; e sede agradecidos" (Cl 3.15). O verbo "dominar" significa que a paz é como um árbitro que deveria controlar o nosso coração, dando-nos, ou não, a sua permissão a respeito do que estamos fazendo, ou prestes a fazer. Em tudo, devemos estar convencidos de que o que fazemos está certo ou errado, e também em harmonia

Sempre que puder, troque o sucesso pelo que é significativo.

com aquilo que Deus deseja que façamos. A paz de Deus está assentada no trono do juízo para julgar o nosso estilo de vida e as nossas decisões. Às vezes, experimentamos o que poderia ser chamado de "checagem espiritual"; ou seja, uma sensação de que estamos prestes a seguir por algum caminho errado. Devemos dar atenção a este impulso do Espírito Santo, especialmente se suspeitamos que algo está errado. Os cristãos são habitados pelo Espírito Santo, que pode ser entristecido por causa do nosso pecado e dos nossos passos errados; o Espírito também traz paz quando obedecemos.

Não podemos prever todas as consequências das nossas decisões, mas Deus pode. E por isso, além de consultar a Deus, é muito importante também ficarmos quietos o suficiente em nosso espírito para que possamos ouvir a voz calma e tranquila do Espírito Santo quando estamos prestes a cometer um erro. Todos tivemos a experiência de sentir algo como uma névoa que cobria uma decisão que estávamos prestes a tomar. Quando isso ocorre, aprendi a dar um passo atrás e perguntar: o que estou deixando de considerar na tomada desta decisão? As mulheres, normalmente, têm um senso de intuição mais desenvolvido que os homens. Elas, normalmente, têm uma sensação de que algo está errado e os maridos fariam bem em ouvir o que têm a dizer. Existe, obviamente, o perigo de se seguir somente a nossa paz interior nas nossas decisões. Muitas pessoas já tomaram decisões extremamente bizarras com a desculpa de estarem "se sentindo em paz com aquilo". Podemos nos ludibriar e cair em uma falsa paz; podemos racionalizar o que queremos fazer e, por fim, as nossas emoções seguirão o caminho que a nossa mente tanto insistiu em trilhar. É por isso que todos os princípios deste capítulo

Devemos estar convencidos de que o que fazemos está certo ou errado, e também em harmonia com aquilo que Deus deseja que façamos.

precisam ser considerados em conjunto, como parte de um processo decisório.

Nutra a Expectativa de que Deus Guiará Você de Várias Formas

Deus não tem uma estratégia única para guiar a cada um de nós. Esteja certo de que Ele não está brincando com as nossas vidas, lançando-nos opções e, depois, levantando-se e dizendo: "Duvido de que você seja capaz de escolher a alternativa certa!". O seu desejo é nos guiar de maneiras diferentes, no entanto, Ele espera que estejamos dispostos a ouvir e obedecer: esta seria a nossa parte no processo. O velho clichê continua válido: "Deus dá o melhor àqueles que deixam para Ele as suas decisões".

Às vezes, as circunstâncias ditam quais devem ser os nossos próximos passos; em outras ocasiões, as pessoas nos orientam por intermédio de conselhos ou fazendo com que entremos em contato com outras pessoas que se tornam parte da nossa decisão. Normalmente, ocorre uma confluência de eventos que nos deixam com uma grande suspeita de que Deus está preparando um cenário para nós que nos introduzirá em novas possibilidades. A chave é procurar a mão de Deus que nos guiará em todas as coisas.

Deus não tem uma estratégia única para guiar a cada um de nós.

Também descobri que Deus, normalmente, guia-me mesmo quando não percebo; basta que eu passe por uma porta que me parece razoável, e esta porta me permite acesso a outra porta. Somente quando olho em retrospectiva, sou capaz de ver como aquelas decisões comuns foram importantes.

Muitas pessoas se desviam enquanto buscam um "sinal" do Senhor. Assim como a estudante que orou: "Senhor, se ele me ligar antes das 10 da manhã, entenderei que eu devo namorar com ele". Isso não passa de uma decisão que foi tomada com antecedência em um curso de ação pré-concebido. Outros já cometeram grandes enganos por terem interpretado as circunstâncias de forma que eles entenderam que tinham a liberdade de agir da maneira como bem entendessem. Jonas, provavelmente, disse a si mesmo: "Mesmo sem eu ter reservado, existe um navio que acaba de se preparar para seguir rumo a Társis. E como, por acaso, eu tenho dinheiro para pagar a passagem e, também por acaso, estou tão feliz com a minha decisão que sou capaz de adormecer mesmo no meio de uma tempestade". Só que sabemos que Jonas, na realidade, estava fugindo de Deus.

Muitas pessoas se desviam enquanto buscam um "sinal" do Senhor.

Dessa forma, voltemos para aquilo que é essencial: o conhecimento da vontade de Deus diz respeito, totalmente, a se conhecer o próprio Deus, com fé de que Ele nos guiará. O apego contínuo ao compromisso básico de que estamos dispostos a fazer a vontade de Deus sempre deverá ser prioridade nas nossas mentes.

Compreenda que as nossas Decisões Dificilmente São Livres de Dúvidas

Mesmo depois de buscarmos a sabedoria de Deus; mesmo depois de termos reunido os fatos, da melhor forma que pudermos; mesmo depois de orarmos para que Deus nos guie segundo a sua vontade, dando-nos a sua paz, ainda poderá haver um resíduo de dúvida acerca da decisão que tomamos. Às vezes, não conseguimos distinguir entre a dúvida e o temor, ou entre o temor e a empolgação. A boa notícia, descobri eu, é que sejam quais forem as minhas dúvidas, elas, geralmente, desaparecem depois que atravessamos a fronteira e a decisão já foi tomada.

Sejam quais forem as minhas dúvidas, elas, geralmente, desaparecem depois que atravessamos a fronteira e a decisão já foi tomada.

Devemos ser incentivados a saber que até mesmo o grande apóstolo Paulo sofreu com as incertezas a respeito das decisões que tomou. Ele foi criticado pela igreja de Corinto por ter mudado de ideia a cerca de uma visita que lhes faria. Ele desejava visitá-los, mas não o fez. Por isso, lhes perguntou: "E, deliberando isso, usei, porventura, de leviandade? Ou o que delibero, o delibero segundo a carne, para que haja em mim sim, sim e não, não? (2 Co 1.17). Ele fez planos que falharam, planos com boas intenções que não se materializaram.

Dúvidas honestas fazem parte da nossa viagem neste mundo.

O Controle Soberano de Deus

Eis uma promessa que todo cristão deveria reivindicar, antes ou depois da tomada de uma decisão: "E sabemos que todas as coisas contribuem juntamente para o bem daqueles que amam a Deus, daqueles que são chamados por seu decreto" (Rm 8.28). Essa promessa magnífica não nos capacita a entender *por que* Deus faz o que faz, tampouco é uma cura rápida para os nossos sofrimentos; contudo, ela é uma promessa na qual nos apegamos por sabermos que Deus opera para o nosso bem.

Fiquem animados com a abrangência dos objetivos de Deus. A expressão "todas as coisas" significa que tudo opera em conjunto para o nosso bem. A vida é caótica, sem categorias definidas, mas Deus faz com que elas se encaixem. Ele encontra lugar para tudo. Mas o que Ele utiliza para operar em favor do nosso bem? Ele utiliza a sua Palavra e o seu povo, mas também as nossas decisões insensatas, os nossos reveses financeiros e as pessoas que trabalham contra nós — "todas as coisas" significa *tudo*.

Não me entenda mal. Não podemos achar uma justificativa para as nossas decisões pecaminosas como se elas fossem a base para as boas obras de Deus; entretanto, Deus é maior do que os nossos erros e do que nossas escolhas erradas. Paulo nos diz que todas as coisas "operam em conjunto". A palavra no grego é sinergismo, que deriva de duas palavras — *syn* que significa "junto com", e *ergo* que significa "trabalhar, operar". Deus opera e opera as coisas em conjunto. Ele consegue ver além da virada da esquina e conhece os resultados de maneiras que nem você e nem eu seríamos capazes de sondar; e Ele opera tudo conjuntamente para o nosso bem maior e último.

Quando eu era um menino que morava em uma fazenda, gostava muito de desmontar coisas. O meu irmão mais velho conseguiu desmontar um motor de trator, consertá-lo e montá-lo novamente no lugar, fazendo com que ele voltasse a funcionar. O máximo que consegui foi desmontar um relógio porque fiquei intrigado com todas aquelas pequenas engrenagens. Algumas delas giravam na mesma direção dos ponteiros do relógio, já outras faziam o sentido contrário. Algumas giravam rápido e outras devagar. Como algumas das engrenagens giravam em sentidos opostos, parecia que algumas partes estavam trabalhando contra as outras. Só que quando eu olhava para o visor do relógio, via que ele estava marcando as horas corretamente e tinha que admitir que todas aquelas peças estavam trabalhando juntas para um "bem comum".

> Ele consegue ver além da virada da esquina e conhece os resultados de maneiras que nem você e nem eu seríamos capazes de sondar.

Anote as minhas palavras: um dia que lhe parece ruim, pode, na verdade, ser um grande dia do ponto de vista de Deus. Deus está operando para produzir um bem maior. Somente Ele é capaz disso. Quando utiliza os acontecimentos em sinergia, todos eles ocorrem conjuntamente para o bem. Não sei como Deus pega o sódio e o cloreto, que são duas substâncias venenosas, e os reúne para criar o sal de cozinha, sem o qual nós, talvez, não conseguiríamos viver.

Também não sei como Deus pega o pecado e a decepção e os reúne para criar algo bom, mas estou convencido de que Ele faz isso. Se você o ama e foi por Ele chamado, está no círculo daqueles que se beneficiam desta obra especial de Deus.

> Deus está operando para produzir um bem maior. Somente Ele é capaz disso.

A promessa de Romanos 8.28 nos ensina que Deus, pelo seu poder e graça, toma parte, sobrepuja e faz com que os eventos

Deus nos guia quando entregamos a Ele os nossos direitos e estamos dispostos a fazer tudo que Ele nos prescrever.

convirjam de tal forma que não existam tragédias permanentes para os crentes em Cristo. Ou, de outro modo, para os não cristãos, não há triunfos permanentes. Se você não ama a Deus, *não é* chamado segundo o seu propósito e esta promessa não se aplica a você.Você pode existir para o bem de Deus, mas jamais existirá para o seu bem maior, enquanto viver separado dEle.

Siga estas palavras e garanto que você tomará decisões sábias:

> Rogo-vos, pois, irmãos, pela compaixão de Deus, que apresenteis o vosso corpo em sacrifício vivo, santo e agradável a Deus, que é o vosso culto racional. E não vos conformeis com este mundo, mas transformai-vos pela renovação do vosso entendimento, para que experimenteis qual seja a boa, agradável e perfeita vontade de Deus. (Rm 12.1,2)

Deus nos guia quando entregamos a Ele os nossos direitos e estamos dispostos a fazer qualquer tarefa que Ele nos prescrever. Entrementes, Ele é maior do que as nossas decisões erradas, maior do que os nossos pecados e dos que os nossos lamentos. Se ao amamos Senhor, Ele está pronto a nos guiar, mesmo que tenhamos optado pelo caminho errado.

Uma Oração

Pai, eu sei que o maior obstáculo à minha capacidade de tomar decisões sábias é a minha má vontade de entregar a mim mesmo — o meu futuro e os meus desejos, a minha vida — ao teu cuidado. Neste momento, faço de Romanos 12.1,2 a minha oração pessoal. Eu me rendo a ti — tanto o meu passado quanto o meu futuro — entrego-me ao teu controle e ao teu cuidado. Ajuda-me a seguir adiante, a tomar decisões que tragam honra ao teu nome. Desisto do meu desejo de ser o comandante do meu navio e coloco o Senhor no controle do timão, crendo que tu me guiarás por onde quiseres e tu desejares que eu vá.

9

A Pior Decisão que uma Pessoa Poderia Tomar

A negligência na preparação para a eternidade

Jesus, o maior Mestre dentre todos os contadores de história, descreveu a vida de um homem rico que tomou a decisão mais desastrosa que se possa imaginar, uma decisão que não poderia ser revertida.

> A herdade de um homem rico tinha produzido com abundância. E arrazoava ele entre si, dizendo: Que farei? Não tenho onde recolher os meus frutos. E disse: Farei isto: derribarei os meus celeiros, e edificarei outros maiores, e ali recolherei todas as minhas novidades e os meus bens; e direi à minha alma: alma, tens em depósito muitos bens, para muitos anos; descansa, come, bebe e folga. Mas Deus lhe disse: Louco, esta noite te

> pedirão a tua alma, e o que tens preparado para quem será? Assim é aquele que para si ajunta tesouros e não é rico para com Deus. (Lc 12.16-21)

O erro trágico daquele homem rico foi ter negligenciado a sua alma em favor dos seus mimos pessoais. Ao colocar o valor maior no acúmulo de riquezas — que se mostraram ser coisas de valor temporário — ele vendeu o seu destino eterno por uma bagatela. Ele pode ter tido todas as suas necessidades e desejos físicos atendidos, só que, no plano espiritual, estava desguarnecido.

Jesus contou esta história para nos fazer lembrar de que a nossa alma invisível — a nossa parte que não pode ser vista — é a mais importante de todas. Ouça o que Ele disse com os seus próprios lábios: "E não temais os que matam o corpo e não podem matar a alma; temei, antes, aquele que pode fazer perecer no inferno a alma e o corpo" (Mt 10.28). Depois da morte do corpo, a nossa alma segue para o céu, ou para o inferno, o lugar de tormento. Por fim, nosso corpo será ressuscitado e unido com a nossa alma para passar a eternidade onde quer que esteja a nossa alma. Só a ideia de que este homem estará eternamente consciente, só que separado de Deus, já deve ser suficiente para capturar a nossa atenção. Ele havia negligenciado a parte mais importante do seu ser em favor daquilo que somente tinha aparência de sucesso.

A raiz do seu erro foi a concentração da sua vida em si mesmo e não em Deus. Em seis momentos ele faz uso do pronome pessoal *eu*. Se a isso acrescentarmos que ele utiliza outros pronomes pessoais, o total chegará a onze ou doze vezes. Portanto, leiamos a sua afirmação com a ênfase no que ele deve ter

Por fim, o nosso corpo será ressuscitado e unido com a nossa alma para passar a eternidade onde quer que esteja a nossa alma.

utilizado: "E arrazoava ele *entre si*, dizendo: Que *farei [eu]*? Não tenho onde recolher os *meus* frutos. E disse: *[eu] Farei* isto: *[eu] derribarei* os *meus* celeiros, e edificarei outros maiores, e ali *[eu] recolherei* todas as *minhas* novidades e os *meus* bens; e *[eu] direi* à *minha alma*: alma, *[Tu] tens* em depósito muitos bens, para muitos anos; descansa, come, bebe e folga".

O que ele quis dizer com "as *minhas* novidades e os *meus* bens"? Foi ele quem criou os grãos de trigo e lhes programou para crescerem e reproduzirem? Foi ele quem criou o solo com o equilíbrio certo entre os nutrientes para que as plantas cresçam no melhor da sua possibilidade? Foi ele quem criou o sol para que brilhe com a intensidade correta? E o que dizer da chuva?

Agora, façamos uma modernização do exemplo — que nos parecerá um pouco mais familiar. E o que dizer do meu fundo de aposentadoria? Das minhas ações? Dos meus fundos mútuos? Da minha conta corrente? Da minha casa? Da minha carreira? Quando a nossa dependência passa de Deus para as nossas riquezas acumuladas, acabamos colocando os nossos bens e nós mesmos no lugar de Deus. As riquezas são enganosas pela simples razão de que elas nos dão a uma falsa sensação de segurança.

As riquezas são enganosas pela simples razão de que nos dão a uma falsa sensação de segurança.

Existe uma história a respeito de um especulador na corrida do ouro da Califórnia. Ele ficou tempo demais no leito do rio e foi pego pela neve. Quando foi encontrado morto na sua cabana, uma sacola de ouro foi encontrada ao seu lado, mas ela não lhe serviria de alimento. O seu dinheiro também não fora capaz de aquecê-lo; tampouco conseguiu trazer o seu corpo debilitado de volta à saúde.

Em outras palavras: O "tal homem rico" viveu como se este mundo fosse o único lugar que importava. Ele agia como se o seu futuro estivesse nas suas próprias mãos. "Tu tens em depósito muitos bens, para muitos anos", ele pensou consigo mesmo.

Como ele poderia estar tão seguro? Parecia pensar que o seu futuro estava definido e garantido, mas naquela mesma noite haveria de descobrir que, independentemente, da força que façamos para segurar a nossa riqueza, ela jamais sai das mãos de Deus e do seu controle soberano.

Naquela mesma noite, a alma do homem rico foi pedida a ele. A palavra traduzida como o verbo "pedir," no grego, era utilizada quando uma pessoa emprestava dinheiro, e era chegada a hora da cobrança. Deus dera àquele homem bens e riquezas; o Senhor lhe dera colheitas abundantes que ele também não merecia. Só que agora, chegara o dia da prestação de contas.

No funeral do rico, as pessoas, sem dúvida, falaram muito da sua habilidade como fazendeiro e da sua boa sorte. Ele, porém, naquele momento, já estava sendo atormentado no inferno. Caso tivesse ouvido as palavras elogiosas a seu respeito, ele somente teria ficado com mais remorso e vergonha. Um minuto depois da sua morte, já sabia que a abundância de cereais estava perdida e que o seu futuro não estava mais sob o seu controle. Ele descobriu, com grande espanto, que a sua eternidade estava, agora, irrevogavelmente determinada, e que o seu futuro só ficaria pior, nunca melhor.

Um Apelo Final

O que torna esta história contada por Jesus tão marcante é o fato de o homem rico ter tomado tantas decisões acertadas. Os fazendeiros não enriquecem sem que tenham capacidade para negociar e para reconhecer boas oportunidades de investimento. Até onde sabiam os seus amigos, ele fizera tudo de forma certa e tinha uma fazenda próspera para lhes apresentar. Tenho certeza de que muitos aceitaram trocar de lugar com aquele homem. Contudo, quando levamos em conta a eternidade, ele estava terrivelmente despreparado e empobrecido.

Um minuto depois da sua morte, ele já sabia que a abundância de cereais estava perdida e que o seu futuro não estava mais sob o seu controle.

O autor do livro de Hebreus nos faz uma pergunta dura: "como escaparemos nós, se não atentarmos para uma tão grande salvação" (Hb 2.3). A resposta, obviamente, pode ser dada em termos simples: Não haverá escapatória se negligenciarmos o perdão oferecido por Deus. O maior erro que qualquer pessoa pode fazer é rejeitar a oferta da livre salvação feita por Deus a todos os que creem em Jesus Cristo.

O maior erro que qualquer pessoa pode fazer é rejeitar a oferta da livre salvação feita por Deus a todos os que creem em Jesus Cristo.

Ao longo deste livro, eu enfatizei que Deus pode extrair o melhor mesmo a partir das nossas decisões erradas. Entretanto, depois de atravessarmos a fronteira entre vida e morte, Deus não reverterá mais a nossa insensatez. Não há bênção no inferno, e nem redenção nos tormentos da eternidade por vir.

Eis algumas promessas que você deve ponderar:

- "Mas a todos quantos o receberam deu-lhes o poder de serem feitos filhos de Deus: aos que creem no seu nome". (Jo 1.12)

- "A palavra está junto de ti, na tua boca e no teu coração; esta é a palavra da fé, que pregamos, a saber: Se, com a tua boca, confessares ao Senhor Jesus e, em teu coração, creres que Deus o ressuscitou dos mortos, serás salvo. Visto que com o coração se crê para a justiça, e com a boca se faz confissão para a salvação. Porque a Escritura diz: Todo aquele que nele crer não será confundido". (Rm 10.8-11)

- "Porque pela graça sois salvos, por meio da fé; e isso não vem de vós; é dom de Deus. Não vem das obras, para que ninguém se glorie". (Ef 2.8,9)

- "O Espírito e a esposa dizem: Vem! E quem ouve diga: Vem! E quem tem sede venha; e quem quiser tome de graça da água da vida". (Ap 22.17)

A decisão mais desastrosa que você pode tomar é negligenciar aquilo que Jesus lhe oferece: A vida eterna, agora e para todo o sempre.

Caso você jamais tenha aceitado esta oferta, faça isso *agora*.

Uma Oração

Pai, eu te agradeço pela tua oferta de salvação. Confesso-te que sou um pecador, incapaz de me salvar. Agora compreendo que ser membro de uma igreja, levar uma vida justa, e participar de rituais religiosos não é suficiente para me salvar; preciso de um Salvador que me perdoe e me resgate dos meus pecados. Quero receber Jesus Cristo como o meu substituto, a pessoa que morreu no meu lugar para que eu pudesse ser aceito e perdoado por ti. Neste momento, quero abrir mão das minhas racionalizações e depositar toda a minha confiança em Cristo, que morreu e ressuscitou novamente dentre os mortos.

Quero, agora, confiar nas tuas promessas e orar para que guies neste início da minha vida nova como seguidor de Cristo.

Guia de Estudo

Introdução: Então, Você Tomou uma Decisão Errada...

1. Você concorda que "O total da nossa vida é equivalente à soma das decisões que tomamos?". Justifique a sua resposta?
2. "Só que este é, em última análise, um livro que fala de *esperança*." O que você encontrou na introdução que lhe trouxe esperança logo no início da leitura deste livro?

Capítulo 1: A Pior Decisão que já Foi Tomada

1. Qual é a pior decisão já tomada por você? Quais foram as consequências desta decisão? Descreva como você viu Deus "extrair o melhor" de alguma decisão errada tomada por você. (Mas, se você ainda não um viu um livramento desta natureza, ainda crê que Deus é capaz de fazer algo bom a partir da confusão instalada na sua vida?)
2. O que você considera mais exato: "as pessoas mudam somente quando enxergam a luz" ou "as pessoas mudam somente quando sentem o calor?". Por que somos tão relutantes em admitir a verdade sobre nós mesmos? Explique a sua resposta.

3. Imagine com seria a sua vida caso você estivesse livre da vergonha? Converse sobre os aspectos positivos e negativos da vergonha no nosso mundo decaído.
4. Por que, na sua opinião, John Milton chama o pecado de Adão e Eva de "queda afortunada?". Explique por que você concorda ou discorda dele.
5. Que esperança recebemos a partir de Romanos 5.20,21 no que diz respeito ao nosso pecado?

Capítulo 2: Quando Você Opta pela Segunda Melhor Possibilidade

1. A exemplo da jovem grávida que é descrita neste capítulo, você também já se sentiu em uma situação da qual não conseguia se desvencilhar? O que aconteceu no seu caso?
2. Qual a diferença entre ter medo do sucesso e planejar o próprio fracasso? Quando essas duas coisas podem se transformar na mesma coisa?
3. Às vezes nós, intencionalmente, tomamos um rumo errado na estrada da vida; outras vezes, simplesmente olhamos a redor e descobrimos que estamos no caminho errado sem conseguirmos identificar qualquer decisão errada que pudesse ter nos levado àquela situação. Por que podemos confiar que Deus está pronto para nos ajudar, independentemente, de como chegamos àquela situação?
4. Qual é a "única escolha correta" que sempre poderemos fazer?
5. Como Deus redimiu e abençoou os israelitas depois de eles terem escolhido a "segunda melhor opção?". O que se pode aprender com a sua história?
6. Descreva uma época na sua vida na qual uma decisão insensata da sua parte acabou "revelando o melhor momento da parte de Deus".

Capítulo 3: Quando Você se Casou com o Problema

1. Qual a diferença entre uma promessa e um voto?
2. Por que o casamento é considerado o mais sagrado de todos os votos?
3. Qual foi o conselho do autor para o casal que se casou em segredo no início deste capítulo? Explique por que você concorda ou discorda dele.
4. Qual foi o voto insensato feito por Josué na Bíblia? E, como Deus conseguiu extrair o melhor daquele voto?
5. Quais são os cinco mitos nos quais as pessoas estão propensas a acreditar quando desejam terminar um casamento? Comente um ou dois deles e explique outras maneiras pelas quais as pessoas racionalizam o que desejam fazer.
6. Você concorda que a "fidelidade é muito mais importante que a felicidade?". Por que concorda ou discorda?
7. Qual é a regra básica do autor em resposta aos relacionamentos infelizes? Como o cumprimento desta regra faria alguma diferença nos seus relacionamentos?
8. Quais as três coisas que precisam ocorrer para que haja uma verdadeira reconciliação? (vide p. 67)

Capítulo 4: Quando Você Atravessou uma Fronteira Moral

1. De que forma a espiral descendente do Rei Davi se mostra consistente com o modelo familiar de muitas pessoas que caem em pecado sexual?
2. Que passos você pode dar, ou já deu, para evitar a tentação na sua vida?
3. Em longo prazo, um caminho aparentemente fácil pode se mostrar difícil. De que maneira isso é verdade na vida de Davi? E como isso funciona na sua vida?
4. Dê exemplos de pessoas que você conhece que tentaram acobertar o seu pecado. Como elas foram descobertas e

quais as lições podemos aprender da sua experiência?
5. Onde podemos encontrar graça e a redenção na história de Davi? E o que dizer da sua vida?

Capítulo 5: Quando Você Tomou uma Decisão Errada na Área Financeira

1. Você já esteve em uma situação como a experimentada por estes dois homens no início deste capítulo? Qual decisão financeira errada lhe trouxe arrependimento posterior? Se quiser, sinta-se à vontade para compartilhar o motivo que o levou a tomar esta decisão e o que você aprendeu a partir dela.
2. Que tipo de atitude lançará o fundamento para a recuperação e para a restauração, quando você estiver lidando com questões financeiras? O que pode fazer para promover este tipo de atitude?
3. No que se baseiam as decisões financeiras mais insensatas? Explique.
4. Por que o dinheiro é um assunto tão sensível? Você concorda com a resposta do autor? Explique.
5. Explique como "Só a adversidade tem o poder de expor os nossos falsos amores e nos guardar da idolatria oculta" (vide p. 97). De que forma você descobriu que estas palavras são verdade na sua própria vida?
6. Quais os passos recomendados pelo autor para a recuperação de uma decisão financeira errada?
7. De acordo com a Bíblia, como você descreveria a libertação do amor do dinheiro? Como isso funciona na sua vida?

Capítulo 6: Quando Você Está na Vocação Errada

1. A exemplo de Jed, você também já se sentiu aprisionado no seu local de trabalho? Explique.
2. De que maneira a história de Moisés se encaixa com o tema deste capítulo?

3. Que perguntas podemos nos fazer a fim de testarmos a nossa atitude a respeito do trabalho? Como podemos perceber que a nossa atitude começa a mudar para melhor?
4. Que perspectiva radicalmente nova o apóstolo Paulo introduziu no Novo Testamento? Você considera que ela seja realista? Por que considera ou não considera? Que passos precisamos dar para aplicar estes princípios na nossa vida quotidiana?
5. Em quem você pensa quando ouve a palavra *perseverança*? Que exemplos de perseverança vê na sua própria vida?
6. Para a próxima semana: faça a seguinte oração, todas as manhãs, antes de sair da cama: "Senhor, glorifica-te neste novo dia com as minhas lutas." Observe a forma como Deus responderá as suas orações.
7. Quando a sua fé é mais preciosa aos olhos de Deus? Por que isso se dá?

Capítulo 7: Quando Você Machuca outras Pessoas

1. Debata o que, na sua opinião, Susan deveria fazer na sua situação difícil?
2. Para Zaqueu, o arrependimento custou caro. A partir da sua própria experiência, qual foi o preço do perdão e da reconciliação?
3. Como podemos viver em plenitude, apesar de o sofrimento que causamos a outras pessoas? Que passo lhe parece o mais difícil? Por quê?
4. Quando estivermos confessando um pecado a uma pessoa, que palavra jamais deveremos utilizar? Justifique a sua resposta.
5. Leia o Salmo 51. O que podemos aprender com o exemplo de arrependimento de Davi?
6. Por que o perdão e a reconciliação valem o preço da humildade e da honestidade pessoais?
7. Em termos práticos, como você pode contribuir na cura de todos os que precisam de graça?

Capítulo 8: Como Tomar Decisões Sábias

1. Quais são as mentiras predominantes na nossa cultura que muitas pessoas acreditam que as levam a tomar decisões erradas? O que a Bíblia fala a respeito destas questões?
2. Das coisas que não devem ser feitas, segundo as que são mencionadas este capítulo, qual representa motivo de maior luta para você? Por quê? E, o que pode fazer para realizar uma mudança positiva?
3. "Sempre que puder, troque o sucesso pelo significado." Como ficaria esta troca na sua vida?
4. O que o autor nos diz acerca da busca por "sinais" da parte do Senhor? Você concorda ou não com ele? Poderia justificar a sua resposta?
5. Deus opera todas as coisas para o bem maior daqueles que o amam. Que exemplos na sua vida corroborariam com esta afirmação? Que bem surgiu a partir do pecado e da decepção na sua vida?
6. Qual é a lição mais importante a respeito do perdão aprendida por você e que desejaria passar adiante para outras pessoas, mais especificamente, aos jovens?

Capítulo 9: A Pior Decisão que uma Pessoa Poderia Tomar

1. Você consegue se enxergar na parábola do homem rico? Qual era a mensagem de Jesus ao contar esta história?
2. Qual é o maior erro que uma pessoa poderia cometer?
3. Das promessas informadas nas páginas 166 e 167, qual delas lhe parece mais relevante? Você poderia explicar?

Notas

Capítulo 1: A Pior Decisão que já Foi Tomada

[1] Albert Camus, *The Fall*, tradução de Justin O'Brien (Nova York:Vintage, 1991), 81.

[2] Do hino "Calvary Covers It All" [O Calvário a tudo Cobre], de autoria do sr. Walter G. Taylor, 1932. Propriedade de Rodeheaver Company.

[3] Do hino "Amazing Grace" [Maravilhosa Graça], de autoria de John Newton (1725-1807).

Capítulo 2: Quando Você Opta pela Segunda Melhor Possibilidade

[1] Corrie tem Boom, *The Hiding Place* [O Lugar Onde nos Escondemos] (Grand Rapids: Baker, 2006), 16, 227.

[2] Let Go and Let God" [Deixe Ir e Deixe Deus Agir], poema atribuído a Lauretta P. Burns em *Protecting Those You Love in an X-Rated World* [Protegendo os Seus Entes Queridos em um Mundo de Obscenidades] por Michele Washam e Tom Moory (Orlando: Bridge Logos, 2007), 199.

Capítulo 3: Quando Você se Casou com o Problema

[1] Lou Priolo, *Divorce: Before You Say "I Don't"* [Divórcio: An-

tes de Você Dizer que Não"] (Phillipsburb, NJ: P&R, 2007), 5,6.

[2] Peter Marshall, de *John Doe, Disciple: Sermons for the Young in Spirit* [Discípulo John Doe, Sermões para os Jovens de Espírito] citado em "Reflections: Classic & Contemporary Excerpts" [Reflexões: Citações Clássicas e Contemporâneas], *Christianity Today* (10 de agosto de 1998): 72.

[3] Reinhold Niebuhr, *de An Interpretation of Christian Ethics*, citado em Christine A. Scheller, "How Far Should Forgiveness Go?" *Christianity Today* (22 de outubro, 2010): 41.

Capítulo 4: Quando Você Atravessou uma Fronteira Moral

[1] Charles H. Spurgeon, "Grace Abounding" [Graça Abundante], citação retirada de um sermão entregue no Tabernáculo Metropolitano de Londres, no dia 22 de março de 1863; Arquivo de Spurgeon, www.spurgeon.org/sermons/0501.htm.

Capítulo 5: Quando Você Tomou uma Decisão Errada na Área Financeira

[1] Charles R. Swindoll, *Day By Day with Charles Swindoll* [Dia a Dia com Charles Swindoll] (Nashville: Word, 2000), 229.

[2] John Piper, "What Is the Recession For?" [Para que Serve a Recessão?] Citação retirada de um sermão entregue na Igreja Batista Bethlehem, Minneapolis, MN, on February 1, 2009, http://www.hopeingod.org/sermon/what-recession.

[3] Anup Shah, "Today, Over 22,000 Children Died around the World" [Hoje, Mais de 22.000 Crianças Morreram no Mundo Inteiro] *Global Issues,* atualizada em 20 de setembro de 2010, http://www.globalissues.org/article/715/today-over-22000-children-died-around-the-world.

[4] Para mais informações, vide http://www.crown.org.

Capítulo 6: Quando Você Está na Vocação Errada

[1] F. B. Meyer, *Moses, the Servant of God* [Moisés, o Servo de Deus] (Grand Rapids: Zondervan, 1954), 21.

[2] Dan Miller, *48 Days to the Work You Love* [48 Dias para o Trabalho que Você Ama], edição revista (Nashville: B&H, 2010), 1.

[3] Ibid., 13.

Capítulo 7: Quando Você Machuca outras Pessoas

[1] John Claypool, conforme declaração feita a Ken Hyatt, "Freedom Behind Bars" [Liberdade atrás das Grades], *The Standard* (Abril de 1999), 22,23.